范合君 何思锦 赵聪慧 张媛媛◎著

中国现代产业体系
指 数 报 告

(2008~2016)

REPORT ON
CHINA'S MODERN INDUSTRIAL SYSTEM INDEX

经济管理出版社
ECONOMY & MANAGEMENT PUBLISHING HOUSE

图书在版编目（CIP）数据

中国现代产业体系指数报告（2008~2016）/范合君等著 . —北京：经济管理出版社，2022.3

ISBN 978 - 7 - 5096 - 8339 - 2

Ⅰ.①中…　Ⅱ.①范…　Ⅲ.①产业体系—研究报告—中国—2008 - 2016

Ⅳ.①F269.24

中国版本图书馆 CIP 数据核字（2022）第 040902 号

组稿编辑：范美琴
责任编辑：范美琴　杨　娜
责任印制：黄章平
责任校对：王淑卿

出版发行：经济管理出版社
　　　　　（北京市海淀区北蜂窝 8 号中雅大厦 A 座 11 层　100038）
网　　址：www. E - mp. com. cn
电　　话：（010）51915602
印　　刷：北京晨旭印刷厂
经　　销：新华书店
开　　本：720mm×1000mm/16
印　　张：12.25
字　　数：176 千字
版　　次：2022 年 4 月第 1 版　　2022 年 4 月第 1 次印刷
书　　号：ISBN 978 - 7 - 5096 - 8339 - 2
定　　价：88.00 元

前　言

　　发展现代产业体系是我国打造现代经济体系的重要战略部署之一，是我国经济实现由高速发展向高质量发展的核心所在。发展现代产业体系有助于我国培育新兴产业、打造产业竞争优势，能够加速推进我国目前的产业结构优化升级，实现各产业的融合发展，促进国民经济快速、稳定发展。

　　为了科学研究现代产业体系，本书构建了一个层次清晰、逻辑有序、科学合理的评价体系。首先，系统梳理了产业体系现代化发展的特征内涵、构建路径及总体目标。在对现代产业体系具备了较为全面的认知后，找出了六个决定现代产业体系有效运转的细分维度。其次，明确各个维度对发展现代产业体系的作用机理，根据不同的作用逻辑确定了六个维度下的测度指标。随后，借助科学的统计分析方法确定各指标的权重大小。最后，本书构建了包含发展环境、支撑体系、农业现代化、服务业现代化、工业现代化、产业可持续发展六个维度的评价体系，六个维度之间彼此关联、层次清晰。按照彼此的逻辑关系将评价体系构建成包含外环层、中环层、内环层的现代产业体系圆环模型。

在构建评价体系的基础上，本书从宏观、微观两个层面对我国现代产业体系进行了详细的分析解读。在宏观层面，利用评价体系测算出我国现代产业体系的平均得分情况，结合时间维度观察我国现代产业体系的整体发展趋势，结合空间维度考察我国现代产业体系发展所呈现的地理特征。在微观层面，以我国部分省（自治区、直辖市）为主要分析对象，从发展环境、支撑体系、农业现代化、服务业现代化、工业现代化、产业可持续发展六个维度逐个剖析了不同省份现代产业体系的发展现状、构成特点及变化趋势。

希望《中国现代产业体系指数报告（2008～2016）》的出版能为我国现代产业体系发展做出一定的贡献。研究团队将持续评估我国现代产业体系的发展状况，力求反映我国各地区现代产业体系发展的最新动态和趋势。

目　录

导论　现代产业体系的评价体系构建及测度

一、引言

　　现代产业体系对国家培育新兴产业、打造产业竞争优势、实现产业互动发展等具有重要的支撑作用。发展现代产业体系既是优化产业结构的战略任务，也是我国党和政府促进国民经济快速稳定发展的重要途径。2007年党的十七大报告提出"发展现代产业体系，大力推进信息化与工业化融合，促进工业由大变强，振兴装备制造业，淘汰落后生产能力"。此后，各省级政府结合当地的资源禀赋、产业基础、地理位置等多个要素，加快推进现代产业体系构建。2017年党的十九大报告更是明确指出我国需要"贯彻新发展理念，建设现代化经济体系"的新要求。事实上，现代产业体系正是现代化经济体系的主要内涵和战略重点之一。

现阶段，学术界主要从以下三个研究视角解读现代产业体系：第一，关于现代产业体系的科学内涵及特征。不同的学者对于现代产业体系内涵的分析角度不同，但学者们的研究都在强调体系的"整体系统性"。如向晓梅从横向、纵向两个维度分别考察现代产业体系，认为现代产业体系是产业链条完整、产业优势集聚、竞争力强的产业系统。除此之外，开放性、融合性、集聚性、可持续性、动态性等也是多位学者较为认同的现代产业特征。第二，现代产业体系的形成机制。虽然现代产业体系一词是我国政府基于中国语境提出的词语，但较多学者以国际化的视角探究现代产业体系的形成。例如，刘文勇通过梳理全球三次技术革命的演进过程，发现现代产业体系的产生源于重大的技术创新、发展在于重大的制度创新，并认为现代产业体系是建立在技术创新和制度创新基础之上的产业创新。不同于研究国外发展经验的研究方法，也有学者从现代产业体系本身出发探究其构建的机制，指出构建现代产业体系主要依靠产业结构优化升级来实现。而产业结构优化升级即是产业结构合理化和高度化的有机统一。张耀辉认为现代产业体系萌生于传统产业体系，产业体系的转换存在两种推进机制——内生性市场推进和外生性政府推进，并认为中国适用于政府推进。第三，构建现代产业体系的路径及目标。芮明杰通过探寻产业体系运行逻辑以及关键点，提出了构建现代产业体系的"加、减、乘、除"四种模式。盛朝讯以构建现代产业体系存在的瓶颈为研究起点，认为建设过程要按照"培育高端要素—构建协同机制—优化发展环境—促进四个协同"的思路，并指出现代产业体系的最终目标是实现实体经济、科技创新、现代金融、人力资源的协同发展。

不同于上述研究领域，本书将重点关注以下问题：如何对我国现代产业体系建设进行定量评价？不同地区的现代产业体系是否有差异？差异体现在哪些方面？针对以上问题本书力求构建出逻辑清晰、指标完备、赋权合理的评价体系，试图在评价体系这一领域做出有益尝试。学术界关于现代产业体系评价的研究较少且研究覆盖范围有限。陈展图以集聚度、协调度、创新度等七个维度构建指标，对我国26个省会城市进行评价并根据结果划分为四个梯队；张冀新则是对我国三大城市群（长三角、珠三角、京津冀）的现代产业体系情况做出评价。本书通过梳理现代产业体系建设过程中的要点、目标以及路径等，从发展环境、支撑体系、农业现代化、工业现代化、服务业现代化、产业可持续发展六个维度共确定了42个二级指标的省级评价体系，利用主成分分析以及优序图法确定各维度和指标的权重。通过收集我国部分省份在2008年、2010年、2012年、2014年、2016年的数据，对各地区的现代产业体系发展进程做出综合评价研究。

二、现代产业体系发展

（一）产业结构与现代产业体系

国外学者对产业结构相关问题的研究起步较早且得出了众多影响深远的结论，但国内学者常常因为忽略前提假设、动态变化等，错误地将西方学者的结论运用到我国现代产业体系相关研究上。1935年，Fisher按照人类经济活动的三个阶段将所有经济活动根据产业划分为三种不同类型，即三次产业划分法。随着经济的发展，劳动力由第一产业向第二产业过渡，最终转移至第三产业。1941年，Kuznets提出第一产业的国民收入占总体国民收入的比重呈现出下降的趋势，而第二产业与第三产业的比重呈不断上升的发展趋势。在此类研究结论的影响下，有不少国内学者过多地看重第二产业、第三产业的发展对于产业体系发展的积极作用，对我国现代产业体系也产生了错误的解读。例如，张明哲提出从国际视角看现代产业体系就是一种第三产业特别是现代服务业占较大比例、第二产业科技含量高的产业体系；张冀新在评价我国三大城市群的产业体系发展水平时，以城市群第三产业增加值占 GDP 比重来衡量该城市群的产业结构协调程度。

但也有学者意识到产业结构与产业体系之间的不对等性，贺俊曾指出，过于强调第二产业与第三产业的研究忽视了影响一国产业结构因素的多样性和复杂性。由此可见，对于现代产业体系的产业结构进行衡量不能单纯地从第二、第三产业的发展情况去考虑。因此，本书在构建现代产业体系的评价体系时，摒弃了将三次产业融合在一起对产业结构进行测度的方法，而是引入农业现代化、工业现代化、服务业现代化分别测度三次产业的现代化发展水平。

（二）长期发展与现代产业体系

现代产业体系并非一成不变，而是伴随着社会生产力的发展和人民消费结构的升级不断向前演进，这个动态过程的演进结果是产业体系本身在不断自我更新、不断进行技术进步并且催生出大量的新兴产业。而对于现有产业而言，其发展的动态性能够体现出产业在经济发展中地位的升级，现代产业体系只有不断地适应经济发展阶段的新要求，才能实现经济发展的高效益和高增长。产业体系就像一个有机生命群体一样，在不断成长、不断进化。无论是传统产业体系，还是现代产业体系，都是内涵和结构形态不断演进的概念。关于动态演进的论述，其本质就是为了现代产业体系能够长久稳定地发展，因为只有在长期的视角下，动态的过程、动态的演进才有意义。因此为了衡量不同地区现代产业体系的长期发展性，本书构建的评价体系将引入支撑体系、发展环境两个维度。

（三）产业可持续发展与现代产业体系

越来越多的学者意识到可持续发展对于产业体系的重要性，并且从不同的角度进行解读。定义内涵方面：陈建军在解释现代产业体系时提出了"两高两低一自主"，其中的"两低"即低污染、低耗能。因此新体系应具有高集约性、高效率性、高协调性和资源节约、环境友好、可持续发展特征。通过科学技术改造传统产业，调整和优化产业结构，能够体现出循环经济的理念。提升路径方面：张伟根据绿色 Solow 模型实证分析了产业体系平衡增长路径与产业体系绿色化之间密不可分的关系。也有学者指出生态化发展是产业发展的高级形态，而可持续发展则构成了中国特色现代产业体系的动力机制。所以，为了更加全面地评价各省、自治区、直辖市现代产业体系的发展，在评价体系中加入了产业可持续发展维度。

三、现代产业体系圆环模型

通过梳理分析，本书构建的评价体系包括发展环境、支撑体系、农业现代化、服务业现代化、工业现代化、产业可持续发展六个维度。六个维度之间彼此关联、层次清晰、逻辑有序，共同决定了现代产业体系的有效运转。六个维度按照逻辑关系进一步整理为外环层、中环层和内环层。现代产业体系圆环模型如图0-1所示。外环层由发展环境与支撑体系构成，这两个维度从制度、环境、技术、资本等方面为中环层和内环层各维度的发展提供支持，对于现代产业体系的整体发展起到保驾护航的作用。中环层包括农业现代化、工业现代化及服务业现代化，这三个维度彼此融合且联动发展，其中工业的相关发展起到了基础性的推动作用。产业可持续发展则对应内环层，它是所有产业运行的最终目标，产业的发展要以绿色化发展为导向。

（一）外环层：发展环境与支撑体系

作为外环层的支撑体系与发展环境，决定了现代产业体系能否长久地平稳高效发展。前文分析已指出现代产业体系是一个长期问题，相关研究需要回到长期问题的轨道上，而这两个维度为现代产业体系长期发展注入源源不断的内在动力。无论是单独的产业发展还是产业的集群发展，这两个维度都是帮助其更快更好发展的主要推动力。对于单独的产业发展，强有力的支撑体系通过提供产业发展所需的各种资源为现代产业体系的长期发展保驾护航。支撑体系中涉及的资源既包括有形资源（如地区的资金存量）也包括无形资源（如优质的人力资本）。就产业集群发展而言，产业集群已经成为经济发展过程中一个非常明显的现象，是现代产业体系的基本特征，而良好的发展环境可以提升一个地区的市场活跃度，带动各个产业的发展活力，为产业的集群发展添砖加瓦。如果发展环境不景气或支撑体系建设不足，现代产业体系会因受限于这两个维度而无法做到持续性高效运作。

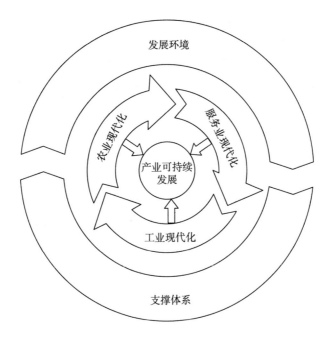

图 0-1 现代产业体系圆环模型

（二）中环层：农业现代化、工业现代化、服务业现代化

中环层包含的农业现代化、工业现代化以及服务业现代化能够直观反映出一个地区的现代产业体系建设优劣。现代产业体系是现代农业、高级服务业以及先进制造业相互融合和统一发展的良性系统。其融合性表现为三大产业彼此关联，协同发展。在三大产业联动融合的过程中工业发展是重中之重，工业化是实现现代化的重要前提。以工业化为先导才能更好地实施经济现代化战略。工业技术的重大突破为农业与服务业现代化发展提供了强有力的技术指导。以人类历史上的四次工业革命为例：18 世纪 60 年代中期，第一次工业革命中工厂制取代小型作坊，大幅提高了农业和手工业的生产效率。19 世纪 70 年代的第二次工业革命以电的发明使用为标

志，生产方式由"蒸汽时代"迈入了"电气时代"。电话、内燃机、发动机等多个产品的问世，在便利人民生活的同时增强了各行业的生产能力，工业发展的重要性日渐凸显。20世纪40年代第三次工业革命的到来，在科学技术的带动下催生了大批新型企业，第三产业得到了前所未有的迅猛发展，开辟了信息时代。而到了20世纪80年代，在电子技术、网络技术、纳米技术的影响下，工业迎来了新一轮的革命即第四次工业革命。跨学科多领域的合作研究在加速全产业发展进程的同时也影响了人类生活方式和思维方式。基于以上历史考察可以看出，工业的发展可以帮助提高全产业的生产效率、运转质量及经济效益。

（三）内环层：产业可持续发展

可持续发展作为现代产业体系的发展总目标，引导着产业发展在各项生产资源的配置过程中朝着绿色可治理的方向努力。秉持产业可持续发展的理念可以帮助企业更有针对性地应对能耗高、污染重的环节，逐渐提升其所在产业的绿色化发展能力。芮明杰在探讨传统产业向现代产业转型策略时，提出了"加、减、乘、除"四种模式，其中"除"的本质就是绿色发展、清洁发展，下决心把现行产业体系中能耗高、污染重的产业除掉。只有控制住生产链上的能耗高、污染重的环节，才能实现真正意义上产业的现代化转型。可持续发展是我国发展理念的重要体现，习近平多次指出保护环境就是保护生产力，改善环境就是发展生产力，中国的发展绝不会以牺牲环境为代价。要秉持"绿水青山就是金山银山"的发展理念，做到资源节约是为了更好地实现现代产业体系的长远发展。

四、指标及权重确定

（一）指标选择

评价体系指标的选择坚持系统合理、独立可比、操作可行的原则。系统合理原则体现在本书指标选择以评价体系圆环模型为基础，注重各个维度之间的联系，力求做到逻辑清晰、层次分明，形成一个科学合理的评价体系。独立可比原则体现在本书选取的指标在技术层面做到既能横向比较以便判断不同地区的发展差异，也能纵向比较以便观察同一个地区的动态变化。操作可行原则体现在本书中评价需要根据指标进行数据收集，因此选择指标不仅要符合理论逻辑，还需要考虑数据的可得性和处理的可操作性。此外，为保证后续研究的方便，评价体系选取的指标均为正向。最终确定了 17 个一级指标、42 个二级指标，具体如表 0 - 1 所示。

1. 发展环境指标

发展环境针对产业的国内发展和国际发展构建了两个一级指标，开放化对应国际发展情况，营商化及市场化对应产业的国内发展。在国际发展的视角下，现代产业体系需要把握经济全球化新趋势新特点，通过放宽外资市场准入、鼓励本土产业"走出去"，以高水平的开放推动产业高质量发展。为了评价各地区产业发展"引进来"和"走出去"的情况，引入了进口总额占 GDP 比值、出口总额占 GDP 比值、外商投资额占 GDP 比值三个衡量指标；在国内发展方面，企业是产业发展的主体，企业核心能力以及综合竞争力的提升是产业转型升级的根本来源，产业体系的国内发展可以由企业层面反映，通过企业所处地区的营商环境与市场化指数进行测度。

2. 支撑体系指标

支撑体系则包括人才储备、资本存量、科技创新三个方面。现代金融、科技创新、人力资源等协同发展是经济发展的基础，产业发展的基石。人才储备通过一个地区的 R&D 人员、研究生及博士生数目、高等院校数目进行衡量。现代产业的成长需要良好的资本环境，资本存量通过外商投资总额、年末金融机构存款余额来反映。科技创新对于产业体系发展同时存在长期和短期不同影响，包括专利授权数、发表科技论文数目、R&D 经费投入强度这三个指标。

3. 农业现代化指标

以"投入程度—产出程度"的思路并结合其余学者的研究确定中间层三个维度的指标。农业现代化指标参考蒋和平、黄德林对农业现代化评价的研究过程，以劳均资金投入、农村宽带接入用户、单位耕地面积总动力数及节水灌溉面积占耕地总面积比重衡量各地区的农业投入水平；以土地生产率、第一产业劳动生产率、农民人均可支配收入衡量各地区的农业产出水平。

4. 工业现代化指标

在工业现代化评价方面，国内学者陈佳贵、黄群慧等进行了大量有价值的研究。参照他们的研究思路，本书确定了以人均装备率、信息化与工业化融合指数、R&D 经费占工业增加值比重这三个指标来刻画工业投入水平；以全员劳动生产率、工业成本费用利润率、工业增加值占 GDP 比重描绘工业产出水平。除此之外，工业污染是现代化发展过程中不可忽视的重要环节，因此以工业固体废物综合利用率、工业污染治理完成投资占工业产值比重衡量各地的污染治理水平。

5. 服务业现代化指标

本书以地方财政商业服务业等事务支出、城镇现代服务业从业人员数占城镇就业人口人员数比重测度服务业投入水平；以技术市场交易额、人均现代服务业生产总值、现代服务业生产总值占服务业比重测量服务业产出水平；以金融业区位熵、房地产业区位熵、其他现代服务业区位熵刻画各地的专业化程度。而对于现代服务业的界定借鉴邓泽霖等学者在研究我国现代服务业时的处理方法，将第三产业中的金融保险业、房地产业和其他行业视为现代服务业。

6. 产业可持续发展指标

对于产业可持续发展的衡量，从各地的治理情况、绿化情况、天气情况以及水资源情况进行考虑。治理情况由环境污染治理投资总额、环境污染治理投资总额占 GDP 比值刻画；绿化情况包括各地的森林覆盖率、城市绿地率两个指标；天气情况由每年空气质量达标天数反映；而水资源情况则直接通过各地的人均水资源量确定。

表 0-1　现代产业体系评价指标

维度	一级指标	二级指标	数据来源
发展环境	营商化及市场化	企业经营环境	《中国分省企业经营环境指数报告》
		市场化指数	《中国分省市场化指数报告》
	开放化	进口总额占 GDP 比值	国家统计局
		出口总额占 GDP 比值	国家统计局
		外商投资额占 GDP 比值	《中国贸易外经统计年鉴》

续表

维度	一级指标	二级指标	数据来源
支撑体系	人才储备	R&D 人员	《中国科技统计年鉴》
		研究生及博士生人数	中国教育部官方网站
		高等院校数目	中国教育部官方网站
	资本存量	外商投资总额	《中国贸易外经统计年鉴》
		年末金融机构存款余额	《中国城市统计年鉴》
	科技创新	专利授权数	国家统计局
		发表科技论文数目	《中国科技统计年鉴》
		R&D 经费投入强度	《中国科技统计年鉴》
农业现代化	农业投入水平	劳均资金投入	国家统计局
		农村宽带接入用户	国家统计局
		单位耕地面积总动力数	国家统计局
		节水灌溉面积占耕地总面积比重	《中国环境统计年鉴》
	农业产出水平	土地生产率	国家统计局
		第一产业劳动生产率	国家统计局
		农民人均可支配收入	《中国农村统计年鉴》
工业现代化	工业投入水平	人均装备率	国家统计局
		信息化与工业化融合指数	《中国信息化与工业化融合发展水平评估蓝皮书》
		R&D 经费占工业增加值比重	《中国科技统计年鉴》
	工业产出水平	全员劳动生产率	国家统计局
		工业成本费用利润率	国家统计局
		工业增加值占 GDP 比重	国家统计局
	污染治理水平	工业固体废物综合利用率	《中国统计年鉴》
		工业污染治理完成投资占工业产值比重	国家统计局

维度	一级指标	二级指标	数据来源
服务业现代化	服务业投入水平	地方财政商业服务业等事务支出	国家统计局
		城镇现代服务业从业人员数占城镇就业人口人员数比重	国家统计局
	服务业产出水平	技术市场交易额	《中国统计年鉴》
		人均现代服务业生产总值	国家统计局
		现代服务业生产总值占服务业比重	国家统计局
	专业化程度	金融业区位熵	国家统计局
		房地产业区位熵	国家统计局
		其他现代服务业区位熵	国家统计局
产业可持续发展	治理情况	环境污染治理投资总额	《中国环境统计年鉴》
		环境污染治理投资总额占GDP比值	《中国环境统计年鉴》
	绿化情况	森林覆盖率	国家统计局
		城市绿地率	国家统计局
	天气情况	每年空气质量达标天数	各省生态环境局官网
	水资源情况	人均水资源量	国家统计局

（二）权重计算

评价体系中权重的确定采用主成分分析与优序图分析相结合的方法。所有指标以维度为组别分为六组，先确定各组中的二级指标的权重，随后再确定六个不同维度的权重大小，如图0-2所示。

1. 二级指标权重确定

根据检验结果，六个组中只有农业现代化、工业现代化、发展环境、支撑体系四个组别通过了主成分分析的先验检验，具体数据如表0-2所示。从表 0 - 2 可知：四组的 KMO 检验值在 0.5～1；Bartlett 结果显示相应的显著性概率小于 0.001，适合使用主成分分析方法。四个组别的累计方差贡献率均大于 70%，这说明通过主成分分析所提取的公因子能够包含各组别原始指标 70% 以上的数据信息，利用此方法确定的权重具有一定合理性。通过检验的四组，其各自包含的二级指标权重等于以主成分的方差贡献率为权重，对该指标在各主成分线性组合中的系数进行加权平均的归一化。

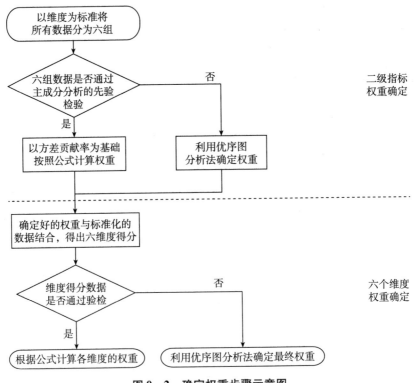

图 0 - 2　确定权重步骤示意图

对于未通过主成分检验的服务业现代化和产业可持续发展采用优序图法，通过对比平均值构建优序图矩阵和权重表确定其下设二级指标的权重。

表 0 - 2　各组别先验检验结果

	发展环境	支撑体系	农业现代化	工业现代化
KMO 值	0.728	0.738	0.718	0.532
Bartlett 检验	0.000	0.000	0.000	0.000
累计方差贡献率（%）	76.85	84.33	72.15	77.74

2. 评价体系中维度权重确定

确定二级指标权重后，用标准化后的数据与对应指标权重相乘进而得出六个维度的得分数据。通过检验发现，其得分数据通过了主成分分析的 KMO 检验和 Bartlett 球形检验（KMO 值为 0.78，Bartlett 检验 P 值约为 0.000），且累计方差贡献率达到了 80.07%。按照相关公式计算即可得出六个维度的权重，最终权重确定如表 0 - 3 所示。

表 0 - 3　评价体系权重

维度	权重（%）
发展环境	19.1
支撑体系	20.7
农业现代化	19.6
工业现代化	11.4
服务业现代化	17.6
产业可持续发展	11.6

五、区域现代产业体系评价

（一）数据说明

本书对我国 31 个省份 5 个年度（2008 年、2010 年、2012 年、2014

年、2016 年）的指标数据进行收集。现代产业体系这一概念最早于 2007 年被提出，因此本书以 2008 年为研究数据起点。考虑数据变化速度问题进行隔年分析，只收集各地区偶数年份数据。部分指标数据只能追踪到 2017 年，因此本书以 2016 年为数据收集终点。

在数据获取过程中存在个别指标数据不全的情况，为了进一步保证各地区之间的可比性，本书对缺失值进行了平滑处理，将估计值代入评价体系中进行实证分析。具体包括：第一，除上海市之外的省份缺失农村宽带接入用户数 2008 年、2010 年的数据，以各自 2011～2018 年数据的平均增速进行测算。由于上海市没有对历年的农村宽带接入用户进行披露，考虑到上海市的现代化程度较高，所以本书以农村人口占上海市总人口的比例乘以上海市全部宽带接入用户数进行测算。第二，天津市城市绿地面积缺少 2008 年数值，以 2009～2018 年平均变化速度对其进行估计。第三，所有地区缺少 2014 年企业经营环境数据以及 2008 年、2010 年信息化与工业化融合指数的数据，以现有数据的平均变速进行处理估计。

为了消除各指标之间的量纲问题和确保各地区的纵向可比性，本书选择 2008 年的数据为基期数据对原始数据进行"0-1 标准化"。其计算公式如下：

$$第\ i\ 个数据 = \frac{V_i - V_{\min}(0)}{V_{\max}(0) - V_{\min}(0)} \times 100$$

其中，V_i 是该数据的原始值，$V_{\min}(0)$ 是该指标在 2008 年所有地区之间的最小值，$V_{\max}(0)$ 是该指标在 2008 年所有地区之间的最大值。经过处理，所有地区基期年份的数据范围是 0～100，其余年份的数据允许大于 100 或小于 0，以此来观察同一地区的纵向变化。

（二）评价结果

基于本书构建的评价体系，利用处理后的数据对我国各省份 2008～2016 年的现代产业体系建设水平做出评价，部分省份每个年度的评价结果如表 0 - 4 所示。

表 0 - 4 部分省份现代产业体系评价结果

地区	2008 年		2010 年		2012 年		2014 年		2016 年	
	得分	排名	得分	排名	得分	排名	得分	排名	得分	排名
北京	64.87	1	75.89	1	88.33	1	96.74	1	113.38	1
江苏	50.68	3	65.21	4	83.42	2	85.74	2	104.30	2
广东	48.70	4	68.34	3	70.45	4	77.01	4	103.02	3
上海	57.79	2	70.45	2	75.30	3	79.71	3	95.21	4
浙江	48.47	5	57.80	5	68.83	5	72.68	5	92.40	5
山东	37.29	6	43.77	6	51.69	6	54.85	7	68.56	6
福建	34.81	8	39.54	8	47.85	8	53.22	8	68.33	7
天津	36.19	7	40.99	7	50.59	7	55.03	6	64.16	8
湖北	25.73	11	29.92	11	37.73	10	41.82	10	57.60	9
四川	24.77	14	29.68	13	36.80	11	41.28	11	53.10	10
陕西	21.07	21	24.77	19	34.71	15	39.74	12	52.10	11
重庆	20.42	22	25.47	18	34.28	17	38.62	13	51.16	12
湖南	24.76	15	28.98	14	35.09	14	37.87	14	50.66	13
安徽	23.72	16	28.64	15	35.13	13	36.62	15	50.50	14
辽宁	31.38	9	35.47	9	44.91	9	43.01	9	50.49	15
河北	25.76	10	30.11	10	35.58	12	35.33	17	47.25	16
江西	21.90	19	25.95	16	31.32	20	33.37	20	46.72	17
河南	24.97	13	29.88	12	34.46	16	35.87	16	46.20	18

续表

地区	2008 年		2010 年		2012 年		2014 年		2016 年	
	得分	排名	得分	排名	得分	排名	得分	排名	得分	排名
海南	25.38	12	25.72	17	31.88	19	34.16	18	44.39	19
广西	21.19	20	22.60	23	29.55	23	33.33	21	44.12	20
全国	27.75	—	32.58	—	39.51	—	42.57	—	54.29	—

1. 体系发展整体向好，农业的现代化推进较快

在 5 个评价年度内，所有地区的评价值均呈现出逐年递增的趋势，反映出我国现代产业体系的建设渐入佳境。全国平均值由 27.75 上升至 54.29，总涨幅高达 95.64%。在所有地区中动态变化最明显的省份是广东省，该省的总体评价分由 48.70 升至 103.02。在评价体系细分的六个维度上，我国各地区在农业现代化的发展上取得了较大的进步。如图 0-3 所示，我国农业现代化呈现直线增长的趋势，2016 年全国农业现代化发展平均得分为 71.45，其数值远高于 2008 年的 28.37。但是该数值的表现并不意味着所有地区的农业现代化推进都好，从下文的分析中可以看出是因为发展较好的地区拉高了平均分。除农业现代化外，各地的支撑体系也有不小的改善。但各地在产业发展的过程中对于绿色发展的重要性认识不够，从图 0-3 中可以看出，产业可持续发展维度在评价体系六个维度中发展进度最慢且呈现出波动增长的趋势，2014 年产业可持续发展得分突然下降，主要原因是产业发展过于注重提高生产力，使得我国出现大规模的雾霾现象，环境恶化严重。此后政府逐渐重视发展过程中的环境保护问题，因此产业可持续发展评价分在 2016 年再次呈现增长的趋势。

2. 各省份现代产业体系建设差距显著且排名波动明显

通过对每个评价年度进行横向比较可以看出，各地区差距十分明显。

建设情况较好的地区常年保持较高的得分。例如，北京市充分发挥了"首都引领"的作用，在每年的评价排名中拔得头筹。作为经济强省的江苏、广东的产业体系发展紧跟其后，2016 年两地的评价分均高于 100。在排名比较方面，有 10 个地区在 2008 年和 2016 年排名相同，其余地区均出现不同程度的波动情况。重庆是排名提升较大的地区之一，2008 年该地的得分排名为第 22，2016 年重庆现代产业体系建设排名位于全国第 12，提升了10 个名次。

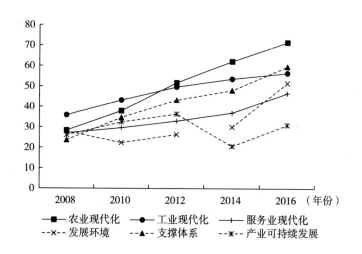

图 0-3　2008~2016 年全国平均水平分维度评价结果趋势

3. 四大区域发展现状不同，制约因素迥异

如图 0-4 所示，按照四大经济区域划分，东部地区的产业体系建设一路高走，在四个经济区中常年处于领先地位，评价得分由 2008 年的 42.99 稳步升至 80.10。与东部地区相反，西部地区的现代产业体系建设有待加强。中部与东北两个地区的产业体系总体情况类似，但是中部地区的发展速度比东北地区快。在前四个评价年度，东北地区的得分略高于中部地

区。但在 2016 年，中部地区第一次实现反超，评价得分为 47.58，比东北地区高了 3.68 分。

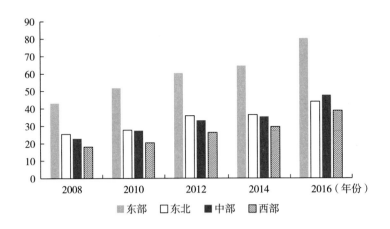

图 0-4 2008~2016 年四大经济区域评价得分

四大经济区域在农业现代化维度发展差距过大，在产业可持续发展维度差距较小。在农业的现代化发展推进过程中，东部地区表现突出，平均分高达 81.83，而西部地区农业发展评价得分为 30.43。虽然农业是所有地区最早开始发展的产业，但从数据可以看出，如何对农业升级改造，使其向现代化方向发展仍是我国大多数地区需重视的问题。不同于农业现代化发展，产业可持续发展在各地区之间差距最小，但得分均不高，围绕在 30 分左右，说明各地在努力建设现代产业体系的过程中，对环境保护的重视程度有待加强，具体如表 0-5 所示。

（1）全面发展的东部地区。

东部地区的现代产业体系建设水平最高，在各维度内的评分均为第一。东部地区的快速发展主要得益于活跃的产业融合和强有力的支撑体系。以 2018 年全国 219 家国家级经济开发区为例，拥有数量最多的江苏省、浙江省及山东省均位于东部地区，这三个省份共拥有 62 家经济技术开发区，合计占比 28.31%。东部地区覆盖的长三角、珠三角以及环渤海城市群又是我国现代产业的高度聚集区。除此之外，东部地区的北京、上海是我国资本、人才、技术的主要聚集地，各项资源使得该区域的产业链不断向高端化延伸。

表 0-5　四大经济区域各维度得分

	农业现代化	工业现代化	服务业现代化	发展环境	支撑体系	产业可持续发展
东部	81.83	56.77	46.78	51.20	76.78	33.92
东北	40.79	48.81	26.06	29.94	32.18	28.59
中部	42.32	40.93	29.21	25.31	35.37	27.11
西部	30.43	43.39	29.35	18.95	18.30	26.77

（2）工业先行的东北地区。

东北地区工业发展较好，但服务业现代化建设水平有待提高。早些年由于高端人才流失、产业结构调整缓慢等制约了该地区现代产业体系建设。但现阶段有较大程度的好转，自国家逐步推进振兴东北系列战略后，东北地区凭借原有的工业基础，不断进行产业升级、结构改造。从数据上看，东北地区的工业现代化水平以 48.81 的平均分位居全国第二，仅次于东部地区。除此之外，东北地区高校众多，加上当地政府出台了相关人才扶持政策，该地区人才流失的现状大有改善。但在服务业现代化维度，东北地区仍存在较大改善空间。东北地区的服务业现代化平均得分仅为 26.06，是该维度在四大经济区域评价的最低分。

（3）平稳发展的中部地区。

中部地区产业发展借力于强有力的支撑体系。早期中部地区的现代产业体系建设情况不太乐观，多数产业处于发展的初级阶段。该地区的工业现代化水平在四大经济区域中发展最落后，平均得分为40.93。但近些年中部地区的产业发展情况有所好转，主要体现在该地逐渐完善的支撑体系方面。从人才储备上看，该区域拥有湖南大学、中国科技大学等多所高校，相较于东北及西部地区人才力量强大。从资本存量上看，中部地区由于具备丰富的劳动力吸引了不少企业进入该地区，由此带来了大量资本的流入。中部地区良好的发展势头从2016年该地现代产业体系评价分首超东北地区即可看出。

（4）亟待提升的西部地区。

西部地区的农业发展较落后，发展环境不景气，在人才、资金各方面支撑力量不足。西部地区的农业现代化得分是30.43，发展环境评价分为18.95，支撑体系得分只有18.3，西部地区这三个维度的得分在四大经济区域中最低。具体来说，西部地区没有优势产业，各方面的基础薄弱且受限于地理位置，使该地区的市场活跃度不高。除此之外，该地区地广人稀，劳动力供给跟不上；教育资源匮乏，对高端人才的吸引力不够。各种不利因素均制约着西部地区的现代产业体系建设。

六、结论与建议

本书得出如下结论：首先，我国现代产业体系整体向好。相较于早期的产业体系，目前我国各地的产业体系正朝着更现代化的方向发展。其次，不同省份的现代产业体系发展水平差距明显，同一地区则具有评分逐年提升的特点。最后，不同地区发展现状各不相同，受到不同制约因素的影响。东部地区产业聚集性强，且技术、资金等后续力量强大；中部地区劳动力资源和自然资源丰裕但技术扶持不足且创新转化率低，使得产业发展过于基础；东北地区虽然工业力量强大但是第三产业发展落后；西部地区受产业基础、交通便利性等多因素的影响整体建设水平低下。

为构建现代化产业体系，进行产业优化升级，实现高质量发展，提出如下政策建议：

第一，加大重视程度，成立专门规划部门。我国还处于体系建设阶段，各地政府部门应当给予充分的重视，成立专门的现代产业体系规划小组，组织专业人才针对各地的具体情况深入研究调查，制定切实可行的政策。通过政策制定指引各产业做到发展节奏明确、建设目标清晰、依赖路径合理。只有政府对问题做到充分关注，产业体系的建设才会更有成效。以广东省为例，该省对现代产业体系建设给予了充分的重视。自国家提出建设现代产业体系后，广东省政府是首个对其建设做出全面部署的省级政府。2008 年 7 月，广东省委、省政府公布了《关于加快建设现代产业体系的决定》。广东省是我国少有的既能做到高起点又能保持高增速的地区。从数据上看，广东省的现代产业体系始终呈现高速发展的态势，2008 ~ 2016 年评价分由 48.70 升至 103.02，总体涨幅高达 111.54%，该数值是全国总体涨幅数据的 2 倍有余。广东省的例子正说明了当地政府的重视对于产业体系建设的积极作用。

第二，强化体系建设的整体性认知，着力打造现代产业体系的协同机制。建设现代产业体系是一个系统性的任务，需要从农业、工业、服务业的现代化推进，发展环境的优化，支撑体系的打造，产业可持续发展理念的引导这六个方向同时发力，并且根据不同情况对于六个维度的重视程度有所区别，做到重点突出。如果只侧重某个单独的维度会放慢体系的构建速度，只注重发展环境和支撑体系的营造则导致现行产业的生产率低下，而单独致力于三次产业的结构优化则会导致产业发展出现后续动力不足的现象，一味关注环境治理则会降低产业发展的经济效益。因此现代产业体系的构建过程需要注重各项资源之间的整合，充分发挥各要素的协同作用，促进六个维度之间的联动。对于传统产业的现代化改造升级应立足于产业现状，从人才、资本、科技等方面为其提供后续支持，从提高市场活跃度上为其营造积极的发展环境，并且为了产业的持久发展需要以绿色可持续发展为导向。

第三，各省份对于体系的构建要充分结合本地情况，有针对性地确定各自的发展任务。对于中部地区，如何将产业由基础走向高端是关键。在产业体系的建设过程中需要注意各项要素的质量转变，不断优化该地区产业结构。东北地区需要始终秉持工业先行的理念，凭借丰富的工业基础带动相关产业的现代化发展。西部地区应抓住"一带一路"这个重大历史机遇，不断激发市场活力优化该地区的营商环境，争取以国际化经营带动该地区的产业发展，尽早完成"弯道超车"。对东部地区而言，保持高水平的同时应发挥引领作用，将自身优质的要素流向其余地区以带动其余地区的发展，为我国整体现代产业体系建设水平的提高贡献力量。

第四，重视三次产业中农业现代化发展。根据评价结果，我国大多数地区的工业现代化发展程度较好，但不同地区农业的现代化发展水平差距较大。农业现代化发展较好的东部地区与发展落后的西部地区的评价差距高达50多分。对于自然资源丰裕的中部地区，农业现代化发展也有所欠缺。有些农业大省因为没有技术的支持，无法将自然资源高效率地转化；也因为没有资金做后续保障，导致许多现代化的战略无法实施。同时两者还存在恶性循环，没有资本的力量，技术的开发受限导致资源产出较低，而低产出又无法吸引资本的投入。因此现阶段，农业现代化发展落后的地区应加大对农业现代化的重视程度，以缩小与现代产业体系发展较好地区的差距。尤其是自然资源禀赋较好的地区，应致力于对优质的生产要素进行高效率的产出。

1　北京市

2008 年		2010 年		2012 年		2014 年		2016 年	
得分	排名	得分	排名	得分	排名	得分	排名	得分	排名
64.87	1	75.89	1	88.33	1	96.74	1	113.38	1

一、综合分析

2016 年北京市现代产业体系评分为 113.38，比 2008 年评分高出 48.51。在五个评价年度内，北京市现代产业体系一直保持第一名。在六个维度中，如表1-1和图1-1所示，服务业现代化情况最好，排名始终保持全国第1；支撑体系一直稳定在全国第3；工业现代化及产业可持续发展的评分和排名均呈现明显的上升趋势；发展环境、农业现代化评分有所上升，但排名呈现下降的趋势。

表1-1 北京市现代产业体系各维度得分及排名

名称	2008 年		2010 年		2012 年		2014 年		2016 年	
	得分	排名	得分	排名	得分	排名	得分	排名	得分	排名
1. 发展环境	65.07	2	59.39	2	62.52	2	62.99	3	78.25	4
1a. 营商化及市场化	32.76	4	31.43	4	33.31	5	37.51	3	60.87	4
1b. 开放化	32.32	2	27.96	2	29.21	2	25.47	2	17.38	3
2. 支撑体系	65.20	3	93.65	3	110.98	3	130.80	3	169.39	3
2a. 人才储备	26.97	1	27.01	1	29.66	1	34.43	1	36.12	1
2b. 资本存量	13.37	6	35.83	4	44.99	4	53.36	4	83.27	3
2c. 科技创新	24.86	1	30.81	4	36.33	4	43.02	4	50.00	4
3. 农业现代化	89.66	1	102.82	2	116.99	1	123.73	1	122.61	4
3a. 农业投入水平	42.17	1	42.56	1	42.42	1	42.80	1	40.74	1
3b. 农业产出水平	47.49	2	60.27	2	74.57	2	80.93	5	81.87	7
4. 工业现代化	58.06	3	66.38	4	75.16	3	81.12	2	90.61	1
4a. 工业投入水平	35.17	1	39.47	1	43.65	1	45.50	1	51.03	1
4b. 工业产出水平	11.44	16	16.99	12	19.57	11	22.17	7	26.25	4
4c. 污染治理水平	11.45	16	9.92	18	11.94	10	13.45	8	13.33	7
5. 服务业现代化	73.03	1	85.09	1	108.75	1	126.70	1	151.72	1
5a. 服务业投入水平	11.40	8	12.28	8	11.95	6	12.92	4	15.99	5
5b. 服务业产出水平	47.53	1	59.91	1	83.66	1	101.92	1	125.08	1
5c. 专业化程度	14.10	1	12.90	1	13.14	1	11.86	1	10.65	1
6. 产业可持续发展	16.35	27	25.99	21	30.63	21	25.16	12	32.44	17
6a. 治理情况	8.78	7	12.74	7	18.37	8	32.96	3	35.05	3
6b. 绿化情况	4.50	19	8.04	17	8.07	17	8.11	17	8.02	17
6c. 空气质量	3.07	28	5.22	28	4.17	30	-15.90	27	-10.63	30
6d. 水资源情况	0.01	28	0.00	30	0.01	29	-0.01	30	0.00	29

发展环境 2008 年评分为 65.07，排名第 2；2016 年评分为 78.25，排名第 4，下降 2 个名次。

支撑体系 2008 年评分为 65.20，排名第 3；2016 年评分为 169.39，排名第 3，名次始终未变。

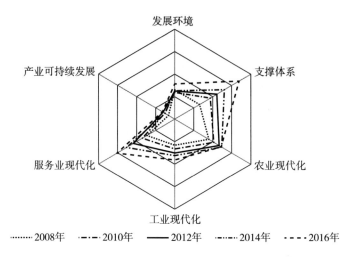

图1-1　2008~2016年北京市现代产业体系各维度评分情况

农业现代化2008年评分为89.66，排名第1；2016年评分为122.61，排名第4，名次有所下降。

工业现代化2008年评分为58.06，排名第3；2016年评分为90.61，排名第1，提升2个名次。

服务业现代化2008年评分为73.03，排名第1；2016年评分为151.72，排名第1，名次未变。

产业可持续发展2008年评分为16.35，排名第27；2016年评分为32.44，排名第17，上升10个名次。

二、发展环境

在发展环境方面，如图1-2所示，北京市2008年评分为65.07，排名第 2；2016 年评分为 78.25。虽然在整个评价期间评分呈现波动增长的趋势，但排名略有下降，2016 年排名为全国第 4。在五个评价年度内北京市每年的评分均高于全国均值，反映出北京市具有良好的现代产业体系发展环境。其中，营商化及市场化评分由 2008 年的 32.76 增至 2016 年的 60.87，增长趋势明显；但开放化则呈现出下降的趋势，2016 年评分为 17.38，比 2008 年评分低了 14.94。

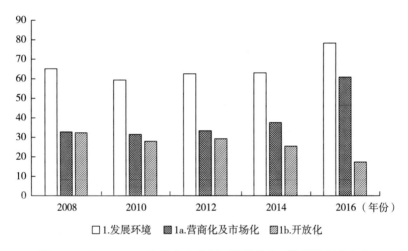

图 1-2　2008～2016 年北京市发展环境及其分项指标的评分变化

三、支撑体系

在支撑体系方面，如图 1-3 所示，北京市 2008 年评分为 65.20，随后评分呈现逐年递增的趋势；2016 年评分提升至 169.39，涨幅高达 159.80%。排名较为稳定，始终保持全国第 3 的名次。在支撑体系包含的细分指标中，人才储备的排名一直处于全国第1，评分由26.97稳步增至36.12；在科技创新方面的表现有所欠佳，虽然评分由2008年的24.86提升至2016年的50.00，但排名却由全国第1下降为全国第4。

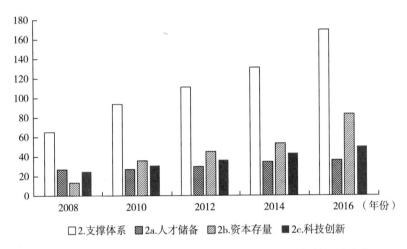

图1-3　2008～2016年北京市支撑体系及其分项指标的评分变化

四、农业现代化

在农业现代化方面，如图1-4所示，北京市2008年评分为89.66，排名第1；2016年评分增至122.61，但排名有所下降，位于全国第4。其中，北京市的农业投入水平居于全国领先地位，始终保持第1；农业产出水平评分由47.49增至81.87，但排名下降趋势明显，由全国第2降至第7。

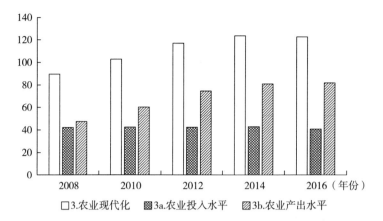

图 1-4 2008~2016 年北京市农业现代化及其分项指标的评分变化

五、工业现代化

在工业现代化方面,如图 1-5 所示,北京市的评分由 2008 年的 58.06 稳步上升,于 2016 年达到 90.61,评价排名也由第 3 升至第 1。在分

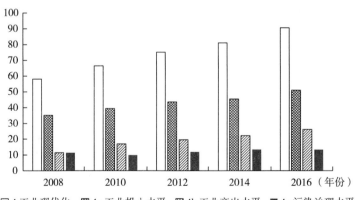

图 1-5 2008~2016 年北京市工业现代化及其一级指标的评分变化

设的一级指标中，工业投入水平表现稳定，常年保持全国第1的态势；污染治理水平提升最大，排名由全国第16升至第7，评分也有所上升。

六、服务业现代化

在服务业现代化方面，如图1-6所示，北京市2008年服务业现代化评分为73.03，2016年评分为151.72，涨幅高达107.75%，在五个评价年度内，排名始终为第1。服务业现代化分设的三个指标中，北京市服务业产出水平及专业化程度表现稳定，一直保持全国第1的水平；而服务业投入水平有较大提升，由11.40升至15.99，排名也由2008年的第8变为2016年的全国第5。

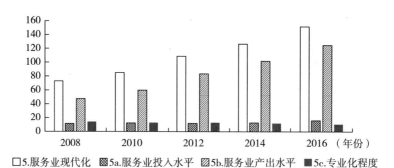

图1-6 2008～2016年北京市服务业现代化及其一级指标的评分变化

七、产业可持续发展

在产业可持续发展方面，如图 1 - 7 所示，北京市 2008 年评分为
16.35，排名第 27；2016 年评分为 32.44，排名第 17。其中，在 2014 年的
排名情况最好，为全国第 12。在产业可持续发展下设的四个一级指标中，
环境治理情况提升幅度最大，评分由 2008 年的 8.78 增至 2016 年的 35.05，
排名也有所上升；但空气质量有所恶化，2008 年评分为 3.07，2014 年评
分为 - 15.9，2016 年评分为 - 10.63。

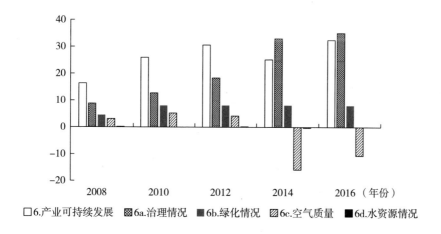

图 1 - 7　2008 ~ 2016 年北京市产业可持续发展及其一级指标的评分变化

2　江苏省

2008 年		2010 年		2012 年		2014 年		2016 年	
得分	排名	得分	排名	得分	排名	得分	排名	得分	排名
50.68	3	65.21	4	83.42	2	85.74	2	104.30	2

一、综合分析

江苏省现代产业体系评分呈现出显著的上升趋势，2008 年评分为 50.68，2016 年评分为 104.30。排名也有所提升，2008 年排名为第 3，2016 年排名为第 2。六个维度中，如表 2 - 1 和图 2 - 1 所示，发展环境、支撑体系评分有所上升但排名呈现下降的趋势；农业现代化、工业现代化及服务业现代化评分及排名上升趋势明显；产业可持续发展的评分波动较大，但 2016 年与 2008 年的排名一致。

表 2 - 1　江苏省现代产业体系各维度得分及排名

名称	2008 年		2010 年		2012 年		2014 年		2016 年	
	得分	排名	得分	排名	得分	排名	得分	排名	得分	排名
1. 发展环境	57.27	3	54.88	3	52.75	5	50.50	6	70.47	6
1a. 营商化及市场化	35.46	2	35.72	2	35.33	3	35.42	5	58.34	8
1b. 开放化	21.81	4	19.16	4	17.42	4	15.09	4	12.13	5
2. 支撑体系	69.49	1	115.66	1	165.32	1	161.28	1	190.58	2
2a. 人才储备	20.02	2	20.97	2	22.35	2	22.79	2	23.55	2
2b. 资本存量	28.79	2	48.90	2	61.64	2	74.39	2	94.34	2
2c. 科技创新	20.68	3	45.78	1	81.33	1	64.10	1	72.68	2
3. 农业现代化	44.29	6	62.54	4	90.12	4	106.86	4	133.12	1
3a. 农业投入水平	10.90	9	14.73	7	20.18	6	23.44	5	33.20	3
3b. 农业产出水平	33.39	5	47.81	4	69.94	4	83.42	3	99.92	2
4. 工业现代化	50.33	5	57.14	5	64.31	6	72.66	4	79.31	4
4a. 工业投入水平	22.20	4	27.70	4	33.70	4	39.65	3	45.13	3
4b. 工业产出水平	12.91	12	14.85	14	16.68	15	18.23	11	20.07	9
4c. 污染治理水平	15.22	4	14.59	5	13.93	5	14.78	6	14.11	4
5. 服务业现代化	40.12	5	49.46	3	58.46	2	62.47	3	74.87	4
5a. 服务业投入水平	19.15	2	18.32	1	17.46	1	13.08	3	14.44	7
5b. 服务业产出水平	18.14	6	27.61	3	37.11	3	45.24	2	56.66	2
5c. 专业化程度	2.84	14	3.52	3	3.90	10	4.16	6	3.77	8
6. 产业可持续发展	35.07	6	36.94	10	48.67	4	36.75	3	43.16	6
6a. 治理情况	20.32	2	23.53	3	32.80	3	43.69	1	37.79	2
6b. 绿化情况	3.07	25	5.33	21	5.24	21	5.31	22	5.35	22
6c. 空气质量	11.61	16	8.02	27	10.57	24	- 12.32	23	- 0.13	23
6d. 水资源情况	0.07	23	0.06	24	0.06	23	0.07	22	0.15	20

发展环境 2008 年评分为 57.27，排名第 3；2016 年评分为 70.47，排名第 6，下降 3 个名次。

支撑体系 2008 年评分为 69.49，排名第 1；2016 年评分为 190.58，排名第 2，名次有所下降。

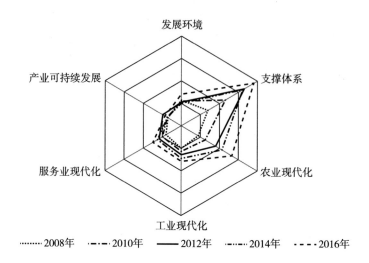

图 2-1　2008～2016 年江苏省现代产业体系各维度评分情况

　　农业现代化 2008 年评分为 44.29，排名第 6；2016 年评分为 133.12，排名第 1，上升 5 个名次。

　　工业现代化 2008 年评分为 50.33，排名第 5；2016 年评分为 79.31，排名第 4，名次有所上升。

　　服务业现代化 2008 年评分为 40.12，排名第 5；2016 年评分为 74.87，排名第 4，上升 1 个名次。

　　产业可持续发展 2008 年评分为 35.07，排名第 6；2016 年评分为 43.16，排名第 6，名次未变。

二、发展环境

　　在发展环境方面，如图 2-2 所示，评分有所增加但排名呈现下降的趋

势。2008 年评分为 57. 27，排名为第 3；2016 年评分为 70. 47，排名为第
6。下设的一级指标中，营商化及市场化评分上升，2008 年评分为 35. 46，
而 2016 年评分增至 58. 34；开放化评分下降，2008 年评分为 21. 81，而
2016 年评分降至 12. 13。

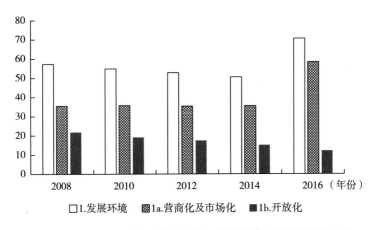

图 2 - 2 2008～2016 年江苏省发展环境及其分项指标的评分变化

三、支撑体系

在支撑体系方面，如图 2 - 3 所示，前四个评价年度江苏省排名均位于
全国第 1，2016 年下降 1 个名次排名为第 2。支撑体系评分由 69. 49 增至
190. 58。支撑体系下设的一级指标评分均有所增加，其中人才储备和资本
存量在五个评价年度内始终保持全国第 2。

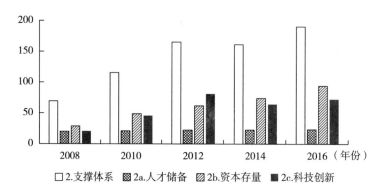

图2-3 2008~2016年江苏省支撑体系及其分项指标的评分变化

四、农业现代化

在农业现代化方面，如图2-4所示，评分及排名均有较大的提升，2008年评分为44.29，排名第6；2016年评分为133.12，排名第1。农业现

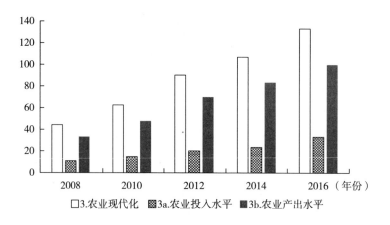

图2-4 2008~2016年江苏省农业现代化及其分项指标的评分变化

代化下设的两个一级指标在评分和排名上均有不同程度的提升，其中农业投入水平名次提升较多，由第9升至第3；农业产出水平评分提升较多，由33.39增至99.92。

五、工业现代化

在工业现代化方面，如图2-5所示，2008年评分为50.33，排名第5；2016年评分增至79.31，排名升至第4。其中，工业投入水平和工业产出水平的评分均有不同程度的增加；而污染治理水平呈现小幅度的下降趋势，2008年评分为15.22，而2016年评分降至14.11。

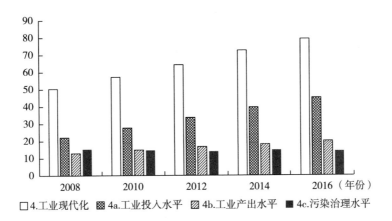

图2-5 2008～2016年江苏省工业现代化及其一级指标的评分变化

六、服务业现代化

在服务业现代化方面，如图 2 - 6 所示，评分由 40.12 增至 74.78，排名由第 5 升至第 4。在服务业现代化下设的一级指标中，服务业产出水平和专业化程度评分有所上升；但服务业投入水平评分呈现下降的趋势，2008 年评分为 19.15，而 2016 年评分降至 14.44。

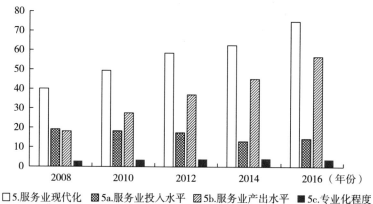

图 2 - 6　2008～2016 年江苏省服务业现代化及其一级指标的评分变化

七、产业可持续发展

在产业可持续发展方面，如图 2 - 7 所示，江苏省在五个评价年度内

2014 年的排名最高，位列全国第 3；2012 年的评分最高，为 48.67。在产业可持续发展下设的一级指标中，空气质量的变动程度最大，前三个评价年度评分均为正值，2014 年评分降至 −12.32，2016 年评分为 −0.13。

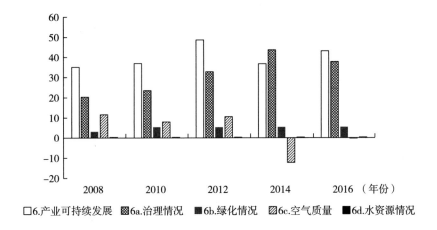

□6.产业可持续发展　▧6a.治理情况　■6b.绿化情况　▨6c.空气质量　■6d.水资源情况

图 2 − 7　2008 ~ 2016 年江苏省产业可持续发展及其一级指标的评分变化

3 广东省

2008 年		2010 年		2012 年		2014 年		2016 年	
得分	排名	得分	排名	得分	排名	得分	排名	得分	排名
48.70	4	68.34	3	70.45	4	77.01	4	103.02	3

一、综合分析

2016 年广东省现代产业体系评分为 103.02，比 2008 年评分高出 54.32。在五个评价年度内，广东省现代产业体系保持在全国前五名的行列。在六个维度中，如表 3-1 和图 3-1 所示，发展环境、支撑体系、服务业现代化和产业可持续发展的评分和排名均呈逐渐上升趋势；其中支撑体系发展最好，评分上升幅度最大，且排名位于全国第 1；农业现代化的评分也呈明显的上升趋势，但是排名未发生改变；工业现代化的排名下降了 1 个位次，但是评分仍逐年递增。

表 3-1 广东省现代产业体系各维度得分及排名

名称	2008 年		2010 年		2012 年		2014 年		2016 年	
	得分	排名	得分	排名	得分	排名	得分	排名	得分	排名
1. 发展环境	56.99	4	51.47	4	54.29	4	56.65	4	78.71	3
1a. 营商化及市场化	27.32	6	24.57	6	27.28	6	31.55	7	59.12	6
1b. 开放化	29.66	3	26.90	3	27.01	3	25.11	3	19.59	2
2. 支撑体系	65.91	2	110.02	2	133.34	2	154.61	2	210.72	1
2a. 人才储备	14.02	5	15.53	4	17.09	4	16.04	6	16.52	8
2b. 资本存量	29.87	1	56.24	1	67.80	1	83.06	1	116.18	1
2c. 科技创新	22.02	2	38.25	2	48.45	3	55.51	3	78.02	1
3. 农业现代化	42.16	7	57.17	6	73.99	6	85.97	6	100.87	7
3a. 农业投入水平	9.77	10	12.62	10	14.74	11	16.22	10	16.19	12
3b. 农业产出水平	32.38	6	44.55	6	59.25	6	69.74	7	84.69	6
4. 工业现代化	40.35	10	48.73	9	51.24	13	54.71	15	62.47	11
4a. 工业投入水平	15.43	8	21.18	8	23.77	9	26.20	12	32.45	11
4b. 工业产出水平	11.58	15	13.75	20	14.29	21	15.39	19	16.85	15
4c. 污染治理水平	13.34	7	13.80	6	13.19	7	13.11	10	13.18	8
5. 服务业现代化	40.53	4	44.80	4	45.76	4	49.39	4	79.83	3
5a. 服务业投入水平	11.28	10	12.95	6	10.34	9	10.67	8	26.27	1
5b. 服务业产出水平	24.63	3	27.25	4	31.09	4	34.60	5	49.51	5
5c. 专业化程度	4.62	5	4.60	5	4.33	7	4.12	7	4.05	6
6. 产业可持续发展	37.20	5	103.69	1	46.07	8	34.22	6	47.77	2
6a. 治理情况	8.33	9	71.22	1	12.93	13	14.98	14	18.08	12
6b. 绿化情况	12.74	4	14.26	4	14.54	4	14.49	3	14.74	3
6c. 空气质量	15.72	7	17.87	4	18.26	5	4.47	8	14.54	6
6d. 水资源情况	0.42	12	0.34	16	0.34	15	0.28	16	0.40	14

发展环境 2008 年评分为 56.99，排名第 4；2016 年评分为 78.71，排名第 3，上升了 1 个名次。

支撑体系 2008 年评分为 65.91，排名第 2；2016 年评分为 210.72，排名第 1，上升了 1 个名次。

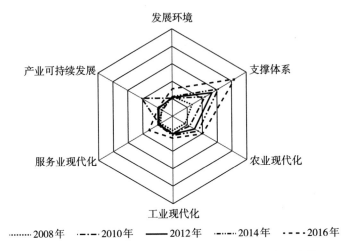

图 3-1　2008~2016 年广东省现代产业体系各维度评分情况

　　农业现代化 2008 年评分为 42.16，排名第 7；2016 年评分为 100.87，排名第 7，排名没有发生改变。

　　工业现代化 2008 年评分为 40.35，排名第 10；2016 年评分为 62.47，排名第 11，名次有所下降。

　　服务业现代化 2008 年评分为 40.53，排名第 4；2016 年评分为 79.83，排名第 3，上升了 1 个名次。

　　产业可持续发展 2008 年评分为 37.20，排名第 5；2016 年评分为 47.77，排名第 2，上升了 3 个名次。

二、发展环境

　　在发展环境方面，如图 3-2 所示，广东省 2008 年评分为 56.99，排名为第 4；2016 年的评分为 78.71，排名提升了 1 个位次。其中，营商化及市场化评分由 2008 年的 27.32 增至 2016 年的 59.12，增长趋势明显，排名未发生变化；开放化呈现波动下降趋势，2016 年评分为 19.59，比 2008 年评分低了 10.07，但是排名提升了 1 个位次。

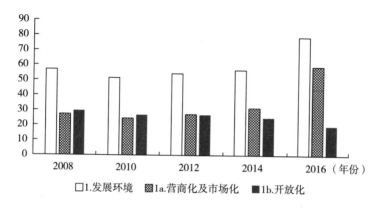

图 3 - 2　2008～2016 年广东省发展环境及其分项指标的评分变化

三、支撑体系

在支撑体系方面，如图 3 - 3 所示，广东省 2008 年评分为 65.91，随后评分呈现逐年递增的趋势；2016 年评分提升至 210.72，排名也从全国第 2 上升至全国第 1。在支撑体系包含的细分指标中，资本存量的评分呈显著的上升趋势，且排名一直保持全国第 1 的位次；人才储备的评分呈波动上升趋势，名次下降了 3 位；科技创新的评分和位次也都呈现上升趋势，排名也从全国第 2 上升至全国第 1。

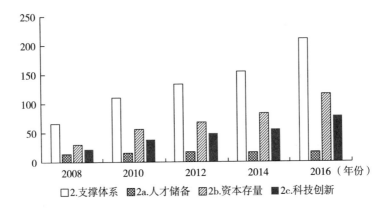

图 3 - 3　2008～2016 年广东省支撑体系及其分项指标的评分变化

四、农业现代化

在农业现代化方面，如图 3 - 4 所示，广东省 2008 年评分为 42.16，排名为第 7；2016 年评分增至 100.87，但是排名未发生变化。其中，农业

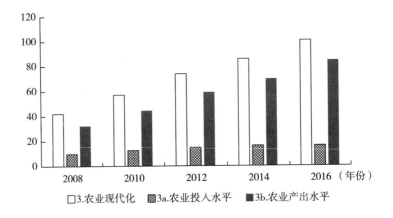

图 3 - 4　2008～2016 年广东省农业现代化及其分项指标的评分变化

投入水平和农业产出水平评分都呈上升趋势，但是农业投入水平的排名下降了 2 个位次，农业产出水平的排名未发生改变。

五、工业现代化

在工业现代化方面，如图 3 - 5 所示，广东省的评分由 2008 年的 40.35 稳步上升，2016 年达到 62.47，在排名上降低了 1 个位次。在分设的一级指标中，工业投入水平和工业产出水平的评分均呈逐渐上升趋势。其中，工业投入水平的排名下降了 3 个位次，工业产出水平的排名未发生改变。污染治理水平的评分呈现波动下降趋势，名次也下降了 1 位。

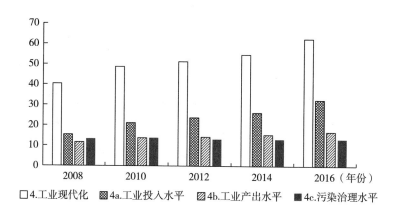

图 3 - 5 2008~2016 年广东省工业现代化及其一级指标的评分变化

六、服务业现代化

在服务业现代化方面，如图 3 - 6 所示，广东省 2008 年服务业现代化评分为 40.53，2016 年评分为 79.83，排名提升了 1 个位次。服务业现代化分设的三个指标中，服务业投入水平在评分和排名上都呈上升趋势，在排名上从全国第 10 提升至全国第 1；服务业产出水平和专业化程度在排名上都有所下降，其中服务业产出水平的评分逐年递增，而专业化程度的评分呈波动下降趋势。

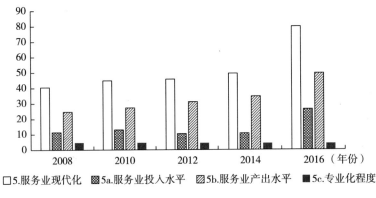

图 3 - 6 2008～2016 年广东省服务业现代化及其一级指标的评分变化

七、产业可持续发展

在产业可持续发展方面，如图 3 - 7 所示，广东省 2008 年评分为

37.20，排名第5；2016年评分为47.77，排名第2，在排名上提高了3个位次。在产业可持续发展下设的四个一级指标中，只有绿化情况和空气质量的排名有所提升，其他指标的排名出现了下降；在评分上，治理情况在2010年达到最大值，空气质量在2014年达到最小值。

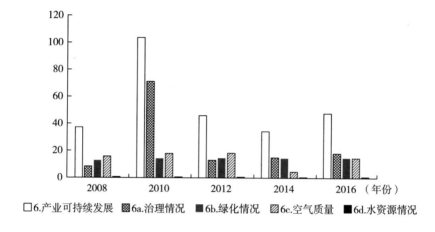

图 3-7 2008~2016 年广东省产业可持续发展及其一级指标的评分变化

4 上海市

2008 年		2010 年		2012 年		2014 年		2016 年	
得分	排名	得分	排名	得分	排名	得分	排名	得分	排名
57.79	2	70.45	2	75.30	3	79.71	3	95.21	4

一、综合分析

2016 年上海市现代产业体系评分为 95.21，比 2008 年评分高出 37.42。评价排名呈现小幅度的下降趋势，2008 年排名为第 2，而 2016 年排名为第 4。在六个维度中，如表 4-1 和图 4-1 所示，发展环境排名始终位于全国第 1；支撑体系、农业现代化、工业现代化评分上升但排名有所下降；服务业现代化评分逐年递增，但排名变化趋势不明显；产业可持续发展的评分和排名均呈现下降的趋势。

表4-1　上海市现代产业体系各维度得分及排名

名称	2008 年		2010 年		2012 年		2014 年		2016 年	
	得分	排名	得分	排名	得分	排名	得分	排名	得分	排名
1. 发展环境	77.94	1	76.52	1	72.61	1	74.36	1	100.61	1
1a. 营商化及市场化	39.70	1	41.11	1	37.01	2	41.08	2	72.78	1
1b. 开放化	38.24	1	35.41	1	35.60	1	33.28	1	27.83	1
2. 支撑体系	52.62	4	75.90	5	86.23	5	99.40	5	127.03	5
2a. 人才储备	13.12	9	13.62	8	14.89	8	15.95	7	16.85	6
2b. 资本存量	23.20	3	39.11	3	45.81	3	57.28	3	79.78	4
2c. 科技创新	16.30	5	23.17	5	25.53	6	26.17	6	30.40	6
3. 农业现代化	71.28	2	105.15	1	116.47	2	120.53	2	125.69	3
3a. 农业投入水平	17.08	3	26.74	2	29.91	2	28.23	2	35.79	2
3b. 农业产出水平	54.20	1	78.41	1	86.56	1	92.29	1	89.90	4
4. 工业现代化	62.06	1	67.07	3	70.35	4	72.05	5	77.63	5
4a. 工业投入水平	32.01	2	32.90	2	35.43	3	37.49	4	40.72	4
4b. 工业产出水平	15.45	7	19.48	7	20.10	10	19.57	9	21.30	7
4c. 污染治理水平	14.60	4	14.69	2	14.82	4	15.00	1	15.60	1
5. 服务业现代化	45.71	2	50.49	2	56.07	3	62.73	2	82.45	2
5a. 服务业投入水平	5.89	26	8.18	20	7.36	22	12.29	7	19.60	2
5b. 服务业产出水平	31.50	2	34.05	2	40.20	2	41.92	3	54.37	3
5c. 专业化程度	8.32	2	8.26	2	8.51	2	8.53	2	8.48	2
6. 产业可持续发展	21.73	20	25.58	22	26.60	26	21.19	13	18.29	27
6a. 治理情况	8.46	8	7.18	18	7.06	25	13.05	17	10.56	17
6b. 绿化情况	0.54	31	4.25	25	4.34	25	4.38	25	4.45	24
6c. 空气质量	12.72	13	14.15	12	15.20	9	3.76	9	3.26	19
6d. 水资源情况	0.01	29	0.00	28	0.00	31	0.01	26	0.02	27

发展环境 2008 年评分为 77.94，排名第 1；2016 年评分为 100.61，排名第 1，名次未变。

支撑体系 2008 年评分为 52.62，排名第 4；2016 年评分为 127.03，排名第 5，名次有所下降。

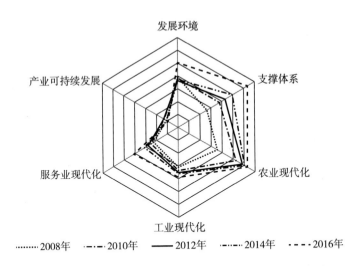

图4-1 2008~2016年上海市现代产业体系各维度评分情况

农业现代化2008年评分为71.28，排名第2；2016年评分为125.69，排名第3，下降1个名次。

工业现代化2008年评分为62.06，排名第1；2016年评分为77.63，排名第5，下降4个名次。

服务业现代化2008年评分为45.71，排名第2；2016年评分为82.45，排名第2，名次未变。

产业可持续发展2008年评分为21.73，排名第20；2016年评分为18.29，排名第27，下降7个名次。

二、发展环境

在发展环境方面，如图4-2所示，上海市排名始终位于全国第1，评分也有所提升，2008 年评分为 77.94，而 2016 年评分升至 100.61。发展环境下设的一级指标中，开放化虽然评分有所下降但在五个评价年度中始终位于第 1；营商化及市场化评分有较大提升，2008 年评分为 39.70，而 2016 年评分增至 72.78。

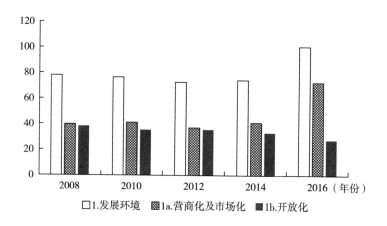

图 4 - 2　2008 ~ 2016 年上海市发展环境及其分项指标的评分变化

三、支撑体系

在支撑体系方面，如图 4 - 3 所示，评分逐年递增，2008 年评分为 52.62，而 2016 年评分增至 127.03。支撑体系下设的三个一级指标评分均呈现上升的趋势。其中资本存量的提升最明显，2008 年资本存量评分为 23.20，而 2016 年评分增至 79.78。

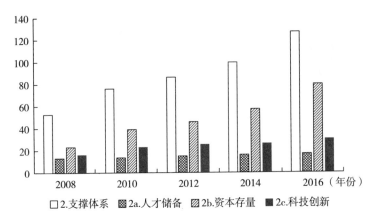

图4-3　2008～2016年上海市支撑体系及其分项指标的评分变化

四、农业现代化

在农业现代化方面，如图4-4所示，2008年评分为71.28，排名第2；2016年评分为125.69，排名第3。农业现代化下设的两个一级指标评

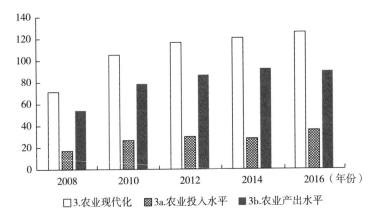

图4-4　2008～2016年上海市农业现代化及其分项指标的评分变化

分有所上升。其中，上海市的农业投入水平在2008年排名第3，随后的四个评价年度始终保持全国第2的名次；农业产出水平在前四个评价年度始终保持全国第1的名次，而2016年排名降至第4。

五、工业现代化

在工业现代化方面，如图4-5所示，评分有所上升但排名呈现下降的趋势。2008年评分为62.06，排名第1；2016年评分升至77.63，排名降至第5。下设的三个一级指标评分均有不同程度的增长，其中污染治理水平名次提升较大，2008年排名第4，而2016年排名升至第1。

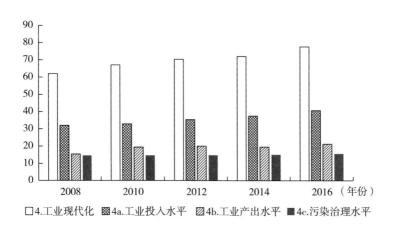

图4-5 2008～2016年上海市工业现代化及其一级指标的评分变化

六、服务业现代化

在服务业现代化方面，如图 4 - 6 所示，评分逐年递增。2008 年评分为 45.71，而 2016 年评分增至 82.45。除 2012 年外，其余四个评价年度上海市的排名均位于全国第 2，2012 年排名第 3。其中，服务业投入水平的名次提升明显，由 2008 年的第 26 名升至 2016 年的第 2 名，评分也由 5.89 增至 19.60；服务业产出水平评分有所增加，由 31.50 增至 54.37；专业化程度在五个评价年度内始终位于全国第 2。

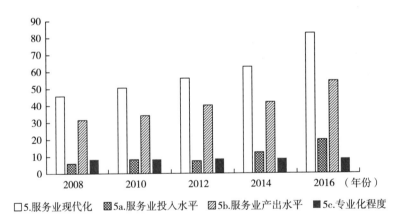

图 4 - 6　2008~2016 年上海市服务业现代化及其一级指标的评分变化

七、产业可持续发展

在产业可持续发展方面，如图 4 - 7 所示，评分呈现先升后降的趋势。2012 年评分为 26.60，2016 年评分降至 18.29。在产业可持续发展下设的一级指标中，绿化情况的名次提升最明显，由第 31 变为第 24，评分也由 0.54 增至 4.45；治理情况评分上升但排名有所下降；空气质量的评分和排名均在下降；水资源情况的评分及排名变动不明显。

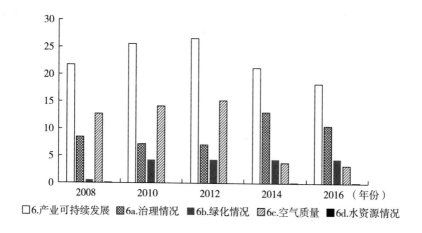

图 4 - 7　2008 ~ 2016 年上海市产业可持续发展及其一级指标的评分变化

5 浙江省

2008 年		2010 年		2012 年		2014 年		2016 年	
得分	排名	得分	排名	得分	排名	得分	排名	得分	排名
48.47	5	57.80	5	68.83	5	72.68	5	92.40	5

一、综合分析

浙江省现代产业体系 2016 年评分为 92.40，比 2008 年评分高出
43.93。排名较为稳定，在五个评价年度内均位于全国第 5。六个维度中，
如表 5-1 和图 5-1 所示，发展环境、支撑体系、农业现代化及产业可持
续发展的评分及排名均有不同程度的提升；工业现代化、服务业现代化评
分逐年递增，但排名呈现波动变化趋势。

表5-1 浙江省现代产业体系各维度得分及排名

名称	2008 年		2010 年		2012 年		2014 年		2016 年	
	得分	排名	得分	排名	得分	排名	得分	排名	得分	排名
1. 发展环境	51.36	5	47.74	5	48.76	6	50.63	5	81.42	2
1a. 营商化及市场化	34.81	3	32.61	3	33.89	4	35.68	4	69.05	2
1b. 开放化	16.56	7	15.13	5	14.87	5	14.95	5	12.37	4
2. 支撑体系	50.92	5	81.80	4	108.82	4	118.01	4	140.26	4
2a. 人才储备	10.68	12	11.20	12	11.86	13	12.99	10	13.78	10
2b. 资本存量	20.53	4	34.41	5	40.98	5	48.89	5	60.81	5
2c. 科技创新	19.70	4	36.20	3	55.98	2	56.14	2	65.67	3
3. 农业现代化	58.05	4	75.68	3	97.84	3	111.64	3	129.37	2
3a. 农业投入水平	20.25	2	23.35	3	27.58	3	26.12	3	28.45	4
3b. 农业产出水平	37.79	4	52.33	3	70.26	3	85.51	2	100.92	1
4. 工业现代化	41.66	9	48.51	10	53.64	12	60.00	10	66.33	9
4a. 工业投入水平	18.19	6	22.82	5	27.67	5	32.03	6	36.92	6
4b. 工业产出水平	9.42	23	11.43	27	11.97	29	13.08	26	14.98	19
4c. 污染治理水平	14.05	4	14.26	5	13.99	4	14.90	5	14.43	3
5. 服务业现代化	36.34	6	40.30	6	40.35	6	41.45	8	53.09	7
5a. 服务业投入水平	9.67	13	11.32	11	10.19	10	12.87	5	17.66	3
5b. 服务业产出水平	21.38	5	23.44	5	24.99	6	24.81	10	32.33	9
5c. 专业化程度	5.30	4	5.54	4	5.16	4	3.76	10	3.10	15
6. 产业可持续发展	48.19	2	41.67	5	47.91	5	31.42	10	56.02	1
6a. 治理情况	27.40	1	17.22	5	19.10	6	23.96	5	32.65	4
6b. 绿化情况	12.60	5	13.81	5	14.38	5	14.42	4	14.67	4
6c. 空气质量	7.89	21	10.17	18	13.96	12	-7.32	18	8.28	13
6d. 水资源情况	0.29	16	0.47	12	0.48	12	0.36	15	0.43	13

发展环境2008年评分为51.36，排名第5；2016年评分为81.42，排名第2，上升3个名次。

支撑体系2008年评分为50.92，排名第5；2016年评分为140.26，排名第4，名次有所上升。

农业现代化2008年评分为58.05，排名第3；2016年评分为129.37，排名第2，上升1个名次。

工业现代化2008年评分为41.66，排名第9；2016年评分为66.33，排名第9，名次未变。

服务业现代化2008年评分为36.34，排名第6；2016年评分为53.09，排名第7，下降1个名次。

产业可持续发展2008年评分为48.19，排名第2；2016年评分为56.02，排名第1，上升1个名次。

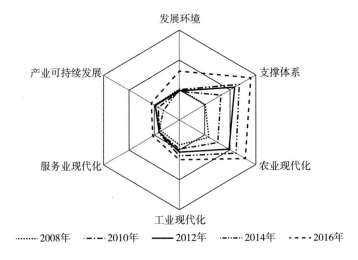

........2008年 ─·─2010年 ──2012年 ─··─2014年 ─ ─2016年

图5-1　2008～2016年浙江省现代产业体系各维度评分情况

二、发展环境

在发展环境方面，如图5-2所示，评分和排名均有较大的提升，评分由51.36增至81.42，排名由第5升至第2。其中，营商化及市场化的评分及排名均呈现上升趋势，开放化评分有所下降但排名上升。2008年开放化评分为16.56，排名为第7；2016年评分为12.37，排名为第4。

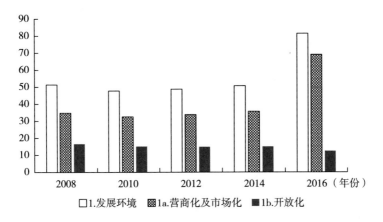

图5-2 2008～2016年浙江省发展环境及其分项指标的评分变化

三、支撑体系

在支撑体系方面，如图5-3所示，浙江省2008年排名为第5，后四个评价年度的排名始终位于全国第4。2008年支撑体系评分为50.92，而2016年评分增至140.26。支撑体系下设的三个一级指标评分均有不同程度的增加。其中，科技创新提升最大，2008年科技创新评分为19.70，而2016年评分增至65.67。

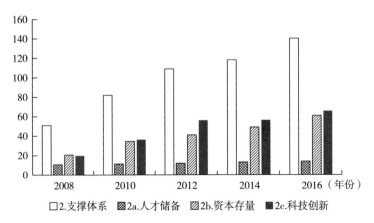

图 5 - 3　2008～2016 年浙江省支撑体系及其分项指标的评分变化

四、农业现代化

在农业现代化方面，如图 5 - 4 所示，评分由 58.05 增至 129.37，排名由第 3 升至第 2。农业现代化下设的两个一级指标评分均有所提升。其

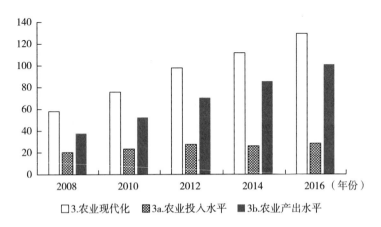

图 5 - 4　2008～2016 年浙江省农业现代化及其分项指标的评分变化

中，农业产出水平更明显，2008 年农业产出水平评分为 37.79，而 2016 年评分增至 100.92，排名也由第 4 升至第 1。

五、工业现代化

在工业现代化方面，如图 5－5 所示，五个评价年度中 2016 年的评分为 66.33，比 2008 年评分高 24.67。在三个一级指标中工业投入水平评分增加最多，2008 年评分为 18.19，而 2016 年评分增至 36.92；工业产出水平的名次提升最多，2008 年排名为第 23，2016 年排名升至第 19。

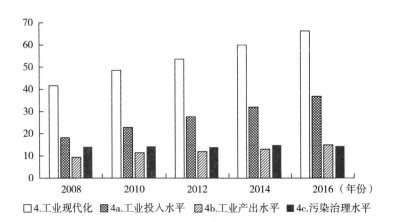

图 5－5 2008～2016 年浙江省工业现代化及其一级指标的评分变化

六、服务业现代化

在服务业现代化方面，如图 5-6 所示，评分有所上升但排名呈现小幅度的下降趋势。2008 年评分为 36.34，排名为第 6；2016 年评分为 53.09，排名为第 7。其中，服务业投入水平名次提升最多，2008 年排名为第 13，而 2016 年排名升至第 3；服务业产出水平和专业化程度的排名则呈现不同程度的下降。

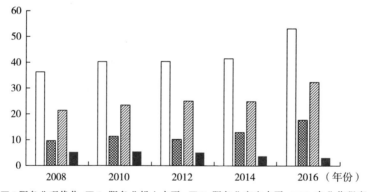

□5.服务业现代化　▨5a.服务业投入水平　▨5b.服务业产出水平　■5c.专业化程度

图 5-6　2008~2016 年浙江省服务业现代化及其一级指标的评分变化

七、产业可持续发展

在产业可持续发展方面，如图 5-7 所示，评分由 48.19 增至 56.02，排名由第 2 升至第 1。在产业可持续发展下设的一级指标中，治理情况的评分上升但名次下降，绿化情况、空气质量及水资源情况的评分和名次均有不同程度的上升。

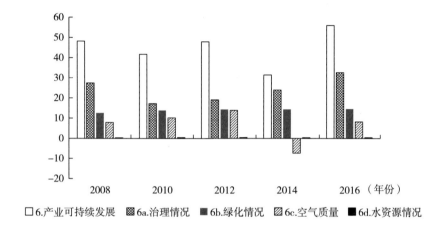

□ 6.产业可持续发展 ▨ 6a.治理情况 ■ 6b.绿化情况 ▨ 6c.空气质量 ■ 6d.水资源情况

图 5 - 7　2008～2016 年浙江省产业可持续发展及其一级指标的评分变化

6 山东省

2008 年		2010 年		2012 年		2014 年		2016 年	
得分	排名	得分	排名	得分	排名	得分	排名	得分	排名
37.29	6	43.77	6	51.69	6	54.85	7	68.56	6

一、综合分析

2016 年山东省现代产业体系评分为 68.56，比 2008 年评分高出 31.27。在五个评价年度内，山东省现代产业体系大致保持在第 6 的位次。在六个维度中，如表 6-1 和图 6-1 所示，山东省的发展环境、支撑体系和工业现代化情况大致相同，在评分上呈增长趋势，在排名上都趋于稳定；而农业现代化、服务业现代化和产业可持续发展的评分虽然有所增长，但是排名都有小幅度的下降。

表 6-1 山东省现代产业体系各维度得分及排名

名称	2008 年		2010 年		2012 年		2014 年		2016 年	
	得分	排名	得分	排名	得分	排名	得分	排名	得分	排名
1. 发展环境	33.43	9	28.60	8	31.02	9	33.18	9	58.12	9
1a. 营商化及市场化	25.97	8	21.72	8	24.11	8	26.58	11	53.05	10
1b. 开放化	7.46	11	6.88	10	6.92	12	6.60	11	5.07	11
2. 支撑体系	40.81	6	60.72	6	76.70	6	84.17	6	101.99	6
2a. 人才储备	14.35	4	15.29	5	16.31	5	15.64	8	16.52	7
2b. 资本存量	13.71	5	25.38	6	33.35	6	41.44	6	51.57	6
2c. 科技创新	12.75	6	20.05	6	27.04	6	27.09	5	33.90	5
3. 农业现代化	41.43	8	52.97	8	66.06	8	80.48	9	84.82	9
3a. 农业投入水平	15.16	6	17.84	5	21.23	4	23.30	6	23.03	6
3b. 农业产出水平	26.27	9	35.13	9	44.84	10	57.18	9	61.79	9
4. 工业现代化	45.79	8	52.15	8	57.07	7	64.25	8	68.42	8
4a. 工业投入水平	17.31	7	22.62	6	27.14	6	33.19	5	39.02	5
4b. 工业产出水平	13.48	11	14.85	15	15.49	17	15.70	18	15.96	18
4c. 污染治理水平	15.00	3	14.68	3	14.44	3	15.35	3	13.44	6
5. 服务业现代化	31.29	8	31.55	8	28.56	15	37.88	11	49.00	10
5a. 服务业投入水平	19.26	1	17.96	2	13.29	3	13.32	2	16.58	4
5b. 服务业产出水平	10.77	21	11.99	21	13.56	24	22.53	11	30.69	11
5c. 专业化程度	1.26	27	1.59	26	1.71	24	2.03	24	1.73	27
6. 产业可持续发展	32.13	10	37.68	9	52.91	2	18.47	16	34.49	14
6a. 治理情况	22.15	2	24.48	2	37.01	1	40.99	2	38.68	1
6b. 绿化情况	3.16	24	4.03	26	4.07	26	4.28	26	4.34	25
6c. 空气质量	6.78	26	9.13	23	11.80	18	-26.79	30	-8.54	28
6d. 水资源情况	0.04	25	0.03	25	0.03	26	0.00	28	0.01	28

发展环境 2008 年评分为 33.43,排名第 9;2016 年评分为 58.12,排名第 9,名次未发生改变。

支撑体系 2008 年评分为 40.81,排名第 6;2016 年评分为 101.99,排名第 6,名次始终未变。

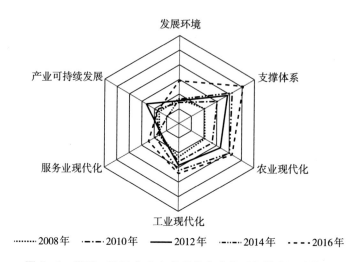

图 6 - 1　2008～2016 年山东省现代产业体系各维度评分情况

农业现代化 2008 年评分为 41.43，排名第 8；2016 年评分为 84.82，排名第 9，名次有所下降。

工业现代化 2008 年评分为 45.79，排名第 8；2016 年评分为 68.42，排名第 8，名次未发生改变。

服务业现代化 2008 年评分为 31.29，排名第 8；2016 年评分为 49.00，排名第 10，下降了 2 个名次。

产业可持续发展 2008 年评分为 32.13，排名第 10；2016 年评分为 34.49，排名第 14，下降 4 个名次。

二、发展环境

在发展环境方面，如图 6 - 2 所示，山东省 2008 年的评分为 33.43，排名第 9；2016 年的评分为 58.12，排名没有发生变化。其中，营商化及市场化评分由 2008 年的 25.97 增至 2016 年的 53.05，增长趋势明显，但是排名却有所下降；开放化呈现下降的趋势，2016 年评分为 5.07，比 2008 年评分低了 2.39，但是排名没有发生变化。

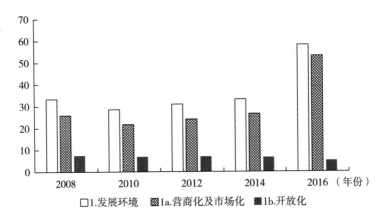

图 6 - 2　2008～2016 年山东省发展环境及其分项指标的评分变化

三、支撑体系

在支撑体系方面，如图 6 - 3 所示，山东省 2008 年评分为 40.81，随后评分呈现逐年递增的趋势；2016 年评分提升至 101.99。排名较为稳定，始终保持全国第 6 的名次。在支撑体系包含的细分指标中，人才储备和资本存量的评分呈逐渐上升的趋势，但是排名均有所下降；科技创新的评分和排名呈上升趋势，总体的排名都位于全国前列。

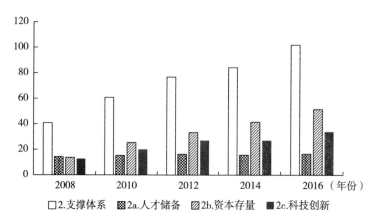

图6-3　2008～2016年山东省支撑体系及其分项指标的评分变化

四、农业现代化

在农业现代化方面，如图6-4所示，山东省2008年评分为41.43，排名为第8；2016年评分增至84.82，但排名有所下降。其中，农业投入水

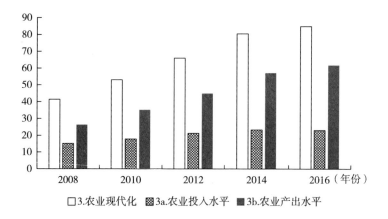

图6-4　2008～2016年山东省农业现代化及其分项指标的评分变化

平和农业产出水平的评分在逐年递增，具有明显的上升趋势；在排名方面趋于稳定，均位于全国前列。

五、工业现代化

在工业现代化方面，如图 6 - 5 所示，山东省的评分由 2008 年的45.79 稳步上升，2016 年达到 68.42；在排名上没有发生改变，仍位于全国第 8。在分设的一级指标中，工业投入水平的评分和排名均有明显的上升，排名上升了 2 个位次；工业产出水平和污染治理水平的排名均有所下降，其中工业产出水平的排名下降了 7 个位次。

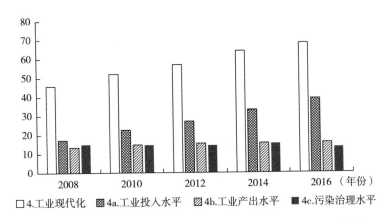

图 6 - 5　2008 ~ 2016 年山东省工业现代化及其一级指标的评分变化

六、服务业现代化

在服务业现代化方面，如图6-6所示，山东省2008年服务业现代化评分为31.29，2016年评分为49.00，排名下降了2个位次。服务业现代化分设的三个指标中，服务业投入水平从全国第1下降到了全国第4；服务业产出水平和专业化程度的评分有所上升，其中服务业产出水平的排名上升了10个位次。

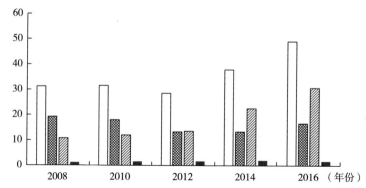

图6-6　2008～2016年山东省服务业现代化及其一级指标的评分变化

七、产业可持续发展

在产业可持续发展方面，如图6-7所示，山东省2008年评分为

32.13，排名第10；2016年评分为34.49，排名第14。其中，在2012年的排名情况最好，为全国第2。在产业可持续发展下设的四个一级指标中，治理情况表现最好，2016年位于全国第1，评分也呈现波动上升的趋势；而空气质量和水资源情况的表现相对较差，在评分上出现波动下降趋势，在排名上也位于全国下游，其中，空气质量评分连续两年为负数。

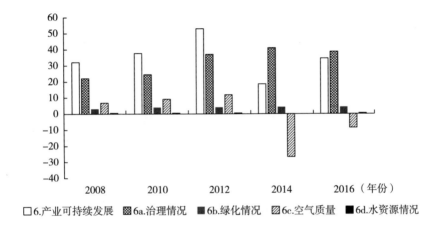

图6-7　2008～2016年山东省产业可持续发展及其一级指标的评分变化

7 福建省

2008 年		2010 年		2012 年		2014 年		2016 年	
得分	排名	得分	排名	得分	排名	得分	排名	得分	排名
34.81	8	39.54	8	47.85	8	53.22	8	68.33	7

一、综合分析

2016 年福建省现代产业体系评分为 68.33，比 2008 年评分高出 33.52。在五个评价年度内，福建省现代产业体系一直处于第 8 名左右。在六个维度中，如表 7-1 和图 7-1 所示，支撑体系、工业现代化和服务业现代化的评分和排名均有所提升，其中服务业现代化的排名提升幅度最大；发展环境和产业可持续发展评分有明显的上升趋势，且排名稳定在全国前列；农业现代化评分上升趋势最为明显，虽然名次下降了 1 位，但是仍位于全国前列。

表7－1 福建省现代产业体系各维度得分及排名

名称	2008 年		2010 年		2012 年		2014 年		2016 年	
	得分	排名	得分	排名	得分	排名	得分	排名	得分	排名
1. 发展环境	41.09	7	34.28	7	36.90	7	39.26	8	69.92	7
1a. 营商化及市场化	27.12	7	21.63	9	23.89	9	27.06	9	60.42	5
1b. 开放化	13.97	8	12.65	7	13.02	7	12.19	7	9.51	7
2. 支撑体系	22.06	13	30.70	14	38.53	13	43.82	14	58.61	11
2a. 人才储备	8.34	16	8.67	16	9.16	16	7.63	18	8.54	19
2b. 资本存量	8.94	8	13.96	10	17.54	10	22.12	11	27.81	11
2c. 科技创新	4.78	17	8.07	15	11.83	12	14.07	11	22.26	9
3. 农业现代化	50.78	4	64.46	4	85.61	5	105.94	5	122.21	5
3a. 农业投入水平	11.69	7	14.57	8	18.15	8	22.71	7	23.97	5
3b. 农业产出水平	39.09	3	49.89	4	67.46	5	83.22	4	98.24	3
4. 工业现代化	34.90	17	43.56	14	48.79	17	54.88	14	56.84	15
4a. 工业投入水平	13.28	10	17.09	11	21.05	13	25.19	14	28.82	13
4b. 工业产出水平	10.07	19	13.64	21	13.91	24	15.72	17	17.32	13
4c. 污染治理水平	11.54	4	12.82	9	13.83	4	13.97	7	10.71	14
5. 服务业现代化	21.71	20	24.24	14	28.36	16	31.14	17	39.74	15
5a. 服务业投入水平	4.83	30	5.29	30	5.03	30	7.31	22	10.27	15
5b. 服务业产出水平	13.63	14	15.81	10	20.31	11	21.35	16	27.21	14
5c. 专业化程度	3.25	10	3.15	13	3.02	13	2.48	19	2.26	20
6. 产业可持续发展	37.44	4	40.60	6	47.56	7	36.44	4	45.10	4
6a. 治理情况	4.72	18	7.07	19	11.79	15	10.06	21	9.73	19
6b. 绿化情况	14.85	3	15.87	3	16.04	3	16.31	2	16.48	1
6c. 空气质量	17.35	3	16.83	5	18.98	3	9.48	4	17.87	3
6d. 水资源情况	0.52	10	0.83	6	0.75	7	0.59	8	1.02	3

发展环境2008年评分为41.09，排名第7；2016年评分为69.92，排名第7，名次未发生改变。

支撑体系2008年评分为22.06，排名第13；2016年评分为58.61，排名第11，提升2个名次。

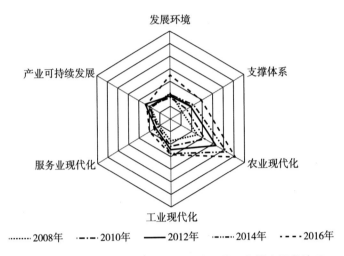

········2008年 ·─·─·2010年 ────2012年 ·─··─2014年 ·───·2016年

图7-1　2008～2016年福建省现代产业体系各维度评分情况

农业现代化2008年评分为50.78，排名第4；2016年评分为122.21，排名第5，名次有所下降。

工业现代化2008年评分为34.90，排名第17；2016年评分为56.84，排名第15，提升2个名次。

服务业现代化2008年评分为21.71，排名第20；2016年评分为39.74，排名第15，提升5个名次。

产业可持续发展2008年评分为37.44，排名第4；2016年评分为45.10，排名第4，名次未发生改变。

二、发展环境

在发展环境方面，如图7-2所示，福建省2008年评分为41.09，排名第7；2016 年的评分为 69.92，排名第7。在五个评价年度内评分有增长的趋势，排名也稳定在第7。其中，营商化及市场化评分由 2008 年的 27.12 增至 2016 年的 60.42，增长趋势明显，排名也上升了 2 个位次；开放化评分则呈现下降的趋势，但是排名趋于稳定。

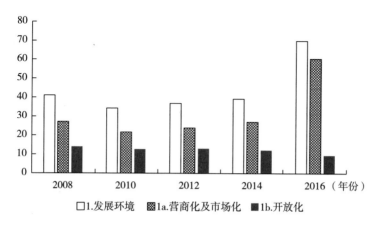

图 7 - 2　2008～2016 年福建省发展环境及其分项指标的评分变化

三、支撑体系

在支撑体系方面，如图 7 - 3 所示，福建省 2008 年评分为 22.06，随后评分呈现逐年递增的趋势。2016 年评分提升至 58.61，排名也有所上升。在支撑体系包含的细分指标中，人才储备和资本存量的排名均有所下降；科技创新的评分呈明显的上升趋势，从 2008 年的 4.78 上升至 2016 年的 22.26，排名也上升了 8 个位次。

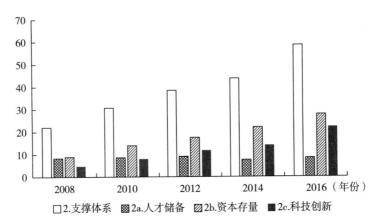

图 7 - 3　2008~2016 年福建省支撑体系及其分项指标的评分变化

四、农业现代化

在农业现代化方面，如图 7 - 4 所示，福建省 2008 年评分为 50.78，排名第 4；2016 年评分增至 122.21，但排名有所下降，位于全国第 5。其

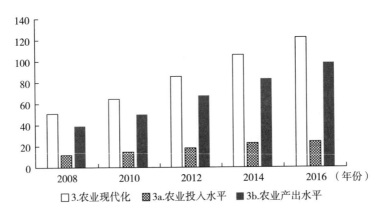

图 7 - 4　2008~2016 年福建省农业现代化及其分项指标的评分变化

中，福建省的农业投入水平和农业产出水平的排名均位于全国前列，评分也呈现逐年递增的上升趋势。

五、工业现代化

在工业现代化方面，如图 7 – 5 所示，福建省的评分由 2008 年的34.90 稳步上升，2016 年达到 56.84，排名也由第 17 升至第 15。在分设的一级指标中，工业投入水平的评分逐年上升，但是排名下降了 3 个位次；工业产出水平评分和排名均处于上升状态；污染治理水平的评分有所下降，但是排名趋于稳定。

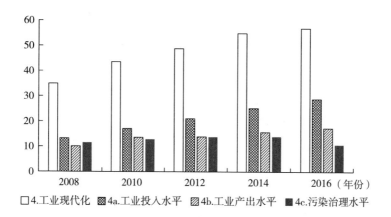

图 7 – 5　2008～2016 年福建省工业现代化及其一级指标的评分变化

六、服务业现代化

在服务业现代化方面，如图 7 - 6 所示，福建省 2008 年服务业现代化评分为 21.71，2016 年评分为 39.74，排名上升了 5 个位次。服务业现代化分设的三个指标中，服务业投入水平及服务业产出水平的评分呈明显的上升趋势。其中，服务业投入水平的排名上升了 15 个位次；专业化程度的评分和排名均有所下降。

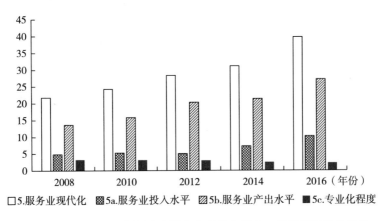

□5.服务业现代化 ▨5a.服务业投入水平 ▨5b.服务业产出水平 ■5c.专业化程度

图 7 - 6 2008～2016 年福建省服务业现代化及其一级指标的评分变化

七、产业可持续发展

在产业可持续发展方面，如图 7 - 7 所示，福建省 2008 年评分为

37.44，排名第 4；2016 年评分为 45.10，排名未发生改变。在产业可持续发展下设的四个一级指标中，绿化情况排名表现最好，从第 3 上升至了第 1；水资源情况排名的上升幅度最大，从第 10 上升至第 3；空气质量的排名情况趋于稳定；治理情况的排名有所下降。但是四个一级指标的评分均有不同程度的增加。

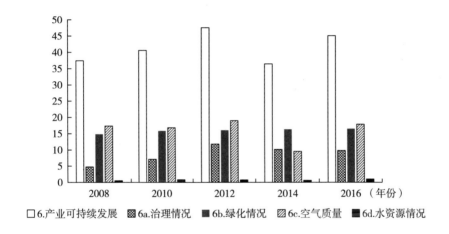

图 7-7　2008～2016 年福建省产业可持续发展及其一级指标的评分变化

8 天津市

2008 年		2010 年		2012 年		2014 年		2016 年	
得分	排名	得分	排名	得分	排名	得分	排名	得分	排名
36.19	7	40.99	7	50.59	7	55.03	6	64.16	8

一、综合分析

2016 年天津市现代产业体系评分为 64.16，2008 年评分为 36.19。排名变化不大，在前三个评价年度一直位于第 7，2014 年排名第 6，2016 年排名为全国第 8。在六个维度中，如表 8 - 1 和图 8 - 1 所示，工业现代化每年的评价排名位居前列；服务业现代化提升最大；支撑体系及农业现代化评分有所上升但排名持续下降；发展环境评分有所上升；产业可持续发展亟须提升。

表 8 - 1　天津市现代产业体系各维度得分及排名

名称	2008 年		2010 年		2012 年		2014 年		2016 年	
	得分	排名	得分	排名	得分	排名	得分	排名	得分	排名
1. 发展环境	50.69	6	45.19	6	61.06	3	66.83	2	72.73	5
1a. 营商化及市场化	30.38	5	30.31	5	47.07	1	53.62	1	62.25	3
1b. 开放化	20.31	6	14.88	6	13.99	6	13.21	6	10.48	6
2. 支撑体系	22.59	12	29.23	16	34.83	16	36.51	16	50.43	15
2a. 人才储备	6.86	20	7.09	20	7.67	21	3.80	26	8.59	18
2b. 资本存量	7.33	9	12.39	12	14.35	13	17.47	13	22.99	13
2c. 科技创新	8.40	10	9.75	11	12.81	10	15.24	10	18.85	12
3. 农业现代化	45.23	5	56.52	7	70.79	7	82.16	7	92.77	8
3a. 农业投入水平	16.38	5	17.49	6	18.73	7	17.70	8	18.45	8
3b. 农业产出水平	28.85	8	39.03	8	52.06	8	64.46	8	74.32	8
4. 工业现代化	58.21	2	69.64	1	79.29	1	84.03	1	90.58	2
4a. 工业投入水平	24.63	3	32.27	3	37.98	2	41.03	2	46.87	2
4b. 工业产出水平	17.81	6	21.87	3	26.04	5	27.58	3	28.67	3
4c. 污染治理水平	15.78	1	15.49	1	15.27	1	15.42	2	15.05	2
5. 服务业现代化	21.67	22	28.05	10	34.53	8	46.31	5	62.00	5
5a. 服务业投入水平	3.24	31	4.04	31	3.55	31	3.84	31	7.63	25
5b. 服务业产出水平	14.74	10	19.88	7	26.48	5	37.98	4	49.63	4
5c. 专业化程度	3.69	6	4.12	6	4.50	6	4.49	5	4.74	3
6. 产业可持续发展	17.79	25	18.09	28	19.88	29	3.36	29	0.45	31
6a. 治理情况	4.30	21	6.43	22	8.76	22	15.16	12	2.82	29
6b. 绿化情况	1.88	28	2.55	29	2.69	30	2.86	30	3.18	29
6c. 空气质量	11.61	16	9.13	23	8.41	27	-14.64	25	-5.54	27
6d. 水资源情况	0.00	30	-0.01	31	0.02	28	-0.01	31	-0.01	31

发展环境 2008 年评分为 50.69，排名第 6；2016 年评分为 72.73，排名第 5，上升 1 个名次。

支撑体系 2008 年评分为 22.59，排名第 12；2016 年评分为 50.43，排名第 15，下降 3 个名次。

农业现代化 2008 年评分为 45.23，排名第 5；2016 年评分为 92.77，排名第 8，名次有所下降。

工业现代化 2008 年评分为 58.21，排名第 2；2016 年评分为 90.58，排名第 2，名次未变。

服务业现代化 2008 年评分为 21.67，排名第 22；2016 年评分为 62.00，排名第 5，上升 17 个名次。

产业可持续发展 2008 年评分为 17.79，排名第 25；2016 年评分为 0.45，排名第 31，名次有所下降。

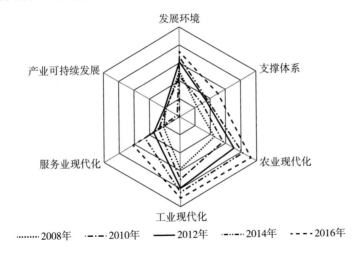

图 8-1　2008~2016 年天津市现代产业体系各维度评分情况

二、发展环境

在发展环境方面，如图 8-2 所示，天津市 2008 年评分为 50.69，排

名第6；2016 年评分为72.73，排名第5。在五个评价年度内，2014 年排名
情况最好，为全国第2。下设的一级指标中，营商化及市场化提升最大，
2008 年评分为30.38，2012 年后逐年递增，2016 年评分为62.65，排名也
由全国第5 上升至全国第3；而开放化评分有所下降，2008 年评分为
20.31，2016 年评分为10.48，但排名较为稳定，始终维持在全国第6。

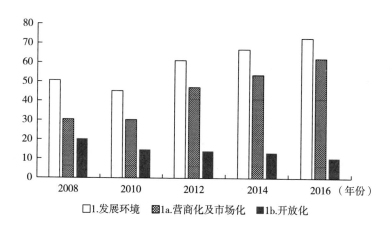

图 8-2　2008～2016 年天津市发展环境及其分项指标的评分变化

三、支撑体系

在支撑体系方面，如图 8-3 所示，评分逐年递增但排名有所下降。
2008 年评分为22.59，排名第12；2016 年评分为50.43，排名第15。分设
的一级指标评分均有较大的提升，人才储备评分由 2008 年的 6.86 提高到
2016 年的8.59；资本存量评分由 2008 年的7.33 提升为2016 年的22.99；

科技创新评分由 2008 年的 8.40 增至 2016 年的 18.85。在排名上，资本存量呈现下降的趋势，2008 年排名为第 9，2016 年排名为第 13，而人才储备的排名则呈现小幅度上升的趋势。

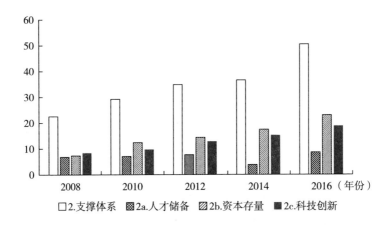

图 8 - 3   2008～2016 年天津市支撑体系及其分项指标的评分变化

四、农业现代化

在农业现代化方面，如图 8 - 4 所示，评分有较大的提升，2008 年评分为 45.23，2016 年评分为 92.77，排名有所下降，由第 5 降为第 8。其中，农业产出水平表现较好，评分由 2008 年的 28.85 逐年递增，2016 年评分为 74.32，排名始终保持全国第 8；而农业投入水平评分有所上升但排名下降趋势明显，2008 年排名为第 5，2016 年排名为第 8。

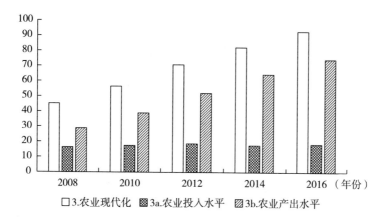

图 8-4 2008~2016 年天津市农业现代化及其分项指标的评分变化

五、工业现代化

在工业现代化方面,如图 8-5 所示,评分由 58.21 一路升至 90.58。
2008 年和 2016 年排名一致,均为第 2,在其余三个评价年度均取得了全国

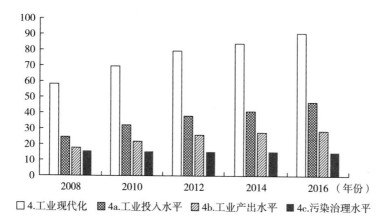

图 8-5 2008~2016 年天津市工业现代化及其一级指标的评分变化

第1的名次。其中，工业产出水平及工业投入水平的评分和名次均呈现出上升的趋势；而污染治理水平与其余地区相比评分和排名情况较好，但是出现了小幅度的下降，2008年评分为15.78，排名第1，2016年评分为15.05，排名第2。

六、服务业现代化

在服务业现代化方面，如图8-6所示，天津市排名有较大程度的提升，2008年排名为第22，而2016年排名为第5，评分也由21.67增至62.00。服务业现代化下设的三个一级指标在评分及排名上均有不同程度的提升。

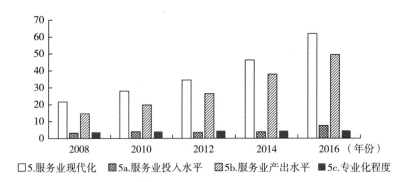

图8-6　2008～2016年天津市服务业现代化及其一级指标的评分变化

七、产业可持续发展

在产业可持续发展方面，如图 8 - 7 所示，评分和排名均呈现出明显的下降趋势。2008 年评分为 17. 79，排名为第 25；2016 年评分为 0. 45，排名为第 31。在产业可持续发展下设的四个一级指标中，只有绿化情况的评分有所上升，其余三个指标的评分均有不同程度的下降；空气质量的评分下降最为显著，2008 年评分为 11. 61，2016 年评分为 - 5. 54。

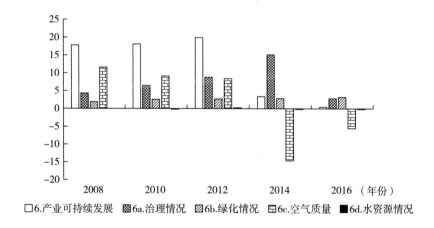

□6.产业可持续发展　▨6a.治理情况　▨6b.绿化情况　▥6c.空气质量　■6d.水资源情况

图 8 - 7　2008 ~ 2016 年天津市产业可持续发展及其一级指标的评分变化

9 湖北省

2008 年		2010 年		2012 年		2014 年		2016 年	
得分	排名	得分	排名	得分	排名	得分	排名	得分	排名
25.73	11	29.92	11	37.73	10	41.82	10	57.60	9

一、综合分析

2016 年湖北省现代产业体系评分为 57.60，比 2008 年评分高出 31.87。在五个评价年度内，湖北省现代产业体系保持在全国中上游的行列。在六个维度中，如表 9 - 1 和图 9 - 1 所示，产业可持续发展的排名上升幅度最大，提升了 12 个位次；支撑体系和工业现代化的评分呈上升趋势，但是在排名上有小幅度的下降；发展环境、农业现代化和服务业现代化评分及排名均有所提升，呈显著的上升趋势。

表 9 - 1 湖北省现代产业体系各维度得分及排名

名称	2008 年		2010 年		2012 年		2014 年		2016 年	
	得分	排名	得分	排名	得分	排名	得分	排名	得分	排名
1. 发展环境	20.70	19	17.70	15	20.00	18	25.45	18	55.19	10
1a. 营商化及市场化	18.27	18	15.68	14	18.23	17	23.39	16	53.61	9
1b. 开放化	2.43	22	2.03	21	1.77	23	2.05	23	1.59	21
2. 支撑体系	29.96	8	40.36	9	47.21	9	54.02	9	64.20	9
2a. 人才储备	16.03	3	16.54	3	17.73	3	18.58	3	19.14	3
2b. 资本存量	5.24	13	11.80	13	15.19	12	19.68	12	25.64	12
2c. 科技创新	8.69	8	12.02	8	14.29	9	15.75	9	19.42	11
3. 农业现代化	23.01	16	30.90	16	45.59	16	58.16	15	69.66	12
3a. 农业投入水平	4.54	21	5.66	21	7.84	23	9.09	21	10.19	23
3b. 农业产出水平	18.47	13	25.24	15	37.75	14	49.07	11	59.47	10
4. 工业现代化	35.36	15	43.94	13	49.34	16	52.01	17	55.00	16
4a. 工业投入水平	13.21	11	16.71	12	20.06	14	22.10	18	25.91	16
4b. 工业产出水平	10.00	20	14.36	16	17.77	12	18.03	12	19.97	10
4c. 污染治理水平	12.15	12	12.86	8	11.51	12	11.88	13	9.12	18
5. 服务业现代化	28.91	10	28.04	11	33.52	9	42.92	6	56.11	6
5a. 服务业投入水平	11.03	11	10.08	14	10.18	11	5.99	25	7.02	29
5b. 服务业产出水平	14.97	9	15.63	11	21.10	10	34.37	6	46.42	6
5c. 专业化程度	2.92	12	2.32	17	2.24	19	2.56	17	2.66	18
6. 产业可持续发展	18.04	24	21.98	26	35.50	16	11.66	22	35.49	12
6a. 治理情况	5.09	17	7.94	15	14.98	12	16.35	10	23.74	8
6b. 绿化情况	6.05	16	8.82	16	9.00	16	9.32	13	9.33	13
6c. 空气质量	6.59	27	4.83	29	11.28	21	-14.29	24	1.96	22
6d. 水资源情况	0.32	14	0.40	15	0.24	18	0.27	17	0.46	12

发展环境 2008 年评分为 20.70,排名第 19;2016 年评分为 55.19,排名第 10,上升了 9 个名次。

支撑体系 2008 年评分为 29.96,排名第 8;2016 年评分为 64.20,排名第 9,名次有所下降。

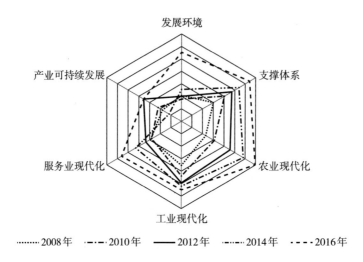

········2008 年 ·—·—·2010 年 ——— 2012 年 ···—···2014 年 · - · - 2016 年

图 9 - 1　2008 ~ 2016 年湖北省现代产业体系各维度评分情况

农业现代化 2008 年评分为 23.01，排名第 16；2016 年评分为 69.66，排名第 12，上升了 4 个名次。

工业现代化 2008 年评分为 35.36，排名第 15；2016 年评分为 55.00，排名第 16，名次有所下降。

服务业现代化 2008 年评分为 28.91，排名第 10；2016 年评分为 56.11，排名第 6，上升了 4 个名次。

产业可持续发展 2008 年评分为 18.04，排名第 24；2016 年评分为 35.49，排名第 12，上升了 12 个名次。

二、发展环境

在发展环境方面，如图 9 - 2 所示，湖北省 2008 年评分为 20.70，排名为第19；2016年的评分为55.19，排名上升了9个位次。其中，营商化及市场化评分由2008年的18.27增至2016年的53.61，增长趋势明显，排名也提升了9个位次；开放化评分呈下降趋势，2016年评分为1.59，比2008年评分低了0.84，但是排名没有显著的变化。

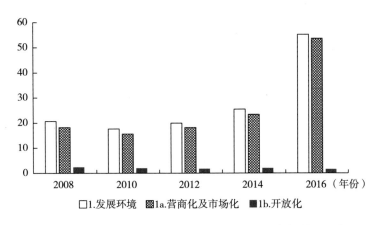

图 9 - 2　2008~2016 年湖北省发展环境及其分项指标的评分变化

三、支撑体系

在支撑体系方面，如图9-3所示，湖北省2008年评分为29.96，随后评分呈现逐年递增的趋势；2016年评分提升至64.20，排名下降了1个位次。在支撑体系包含的细分指标中，人才储备的排名趋于稳定，始终位于全国第3的位置；资本存量的评分和排名均呈增长趋势；科技创新的评分呈上升趋势，但是排名下降了3个位次。

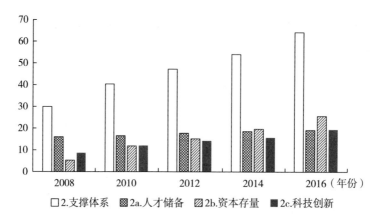

图9-3 2008~2016年湖北省支撑体系及其分项指标的评分变化

四、农业现代化

在农业现代化方面，如图9-4所示，湖北省2008年评分为23.01，排名为第16；2016年评分增至69.66，排名上升了4个位次。其中，农业

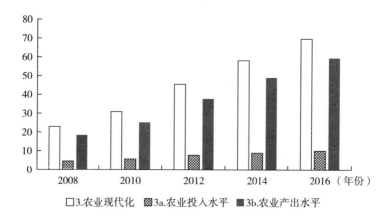

图9-4 2008~2016年湖北省农业现代化及其分项指标的评分变化

投入水平和农业产出水平的评分都呈上升趋势,但是农业投入水平的排名下降了 2 个位次,而农业产出水平的排名上升了 3 个位次。

五、工业现代化

在工业现代化方面,如图 9 - 5 所示,湖北省的评分由 2008 年的 35.36 稳步上升,2016 年达到 55.00,在排名上降低了 1 个位次。在分设的一级指标中,工业投入水平和污染治理水平的排名均有所下降,而工业产出水平的评分和排名都呈明显的上升趋势,在排名上提升了 10 个位次。

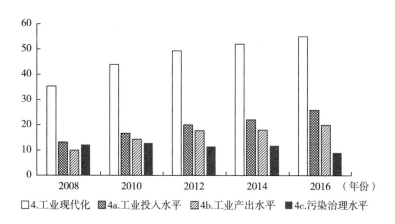

□4.工业现代化　▧4a.工业投入水平　▨4b.工业产出水平　■4c.污染治理水平

图 9 - 5　2008 ~ 2016 年湖北省工业现代化及其一级指标的评分变化

六、服务业现代化

在服务业现代化方面，如图9-6所示，湖北省2008年服务业现代化评分为28.91，2016年评分为56.11，排名提升了4个位次。服务业现代化分设的三个指标中，服务业投入水平和专业化程度在评分和排名上均呈下降趋势，其中服务业投入水平的排名下降了18个位次，而服务业产出水平在评分和排名上都呈上升趋势。

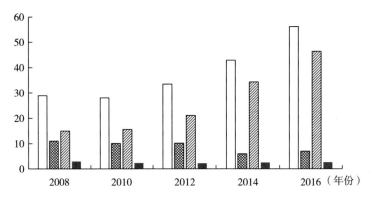

□5.服务业现代化　▩5a.服务业投入水平　▨5b.服务业产出水平　■5c.专业化程度

图9-6　2008～2016年湖北省服务业现代化及其一级指标的评分变化

七、产业可持续发展

在产业可持续发展方面，如图9-7所示，湖北省2008年评分为

18.04，排名第24；2016年评分为35.49，排名第12。在评分和排名上都呈显著的上升趋势。产业可持续发展下设的四个一级指标在排名上都有所提升，其中治理情况的提升幅度最大；治理情况、绿化情况和水资源情况在评分上也呈波动上升趋势；空气质量评分在2014年为负值。

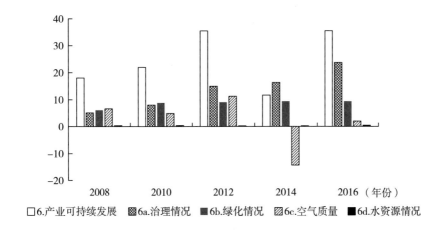

图9-7　2008~2016年湖北省产业可持续发展及其一级指标的评分变化

10 四川省

2008 年		2010 年		2012 年		2014 年		2016 年	
得分	排名	得分	排名	得分	排名	得分	排名	得分	排名
24.77	14	29.68	13	36.80	11	41.28	11	53.10	10

一、综合分析

2016 年四川省现代产业体系评分为 53.10，比 2008 年评分高出 28.33。在五个评价年度内，四川省现代产业体系一直处于第 10 名左右。在六个维度中，如表 10-1 和图 10-1 所示，支撑体系和服务业现代化情况最好，近几年排名稳定在全国前十；发展环境、产业可持续发展的评分有所上升，但排名呈现下降的趋势；农业现代化、工业现代化较稳定，其排名未呈现显著变化。

表 10 - 1　四川省现代产业体系各维度得分及排名

名称	2008 年		2010 年		2012 年		2014 年		2016 年	
	得分	排名	得分	排名	得分	排名	得分	排名	得分	排名
1. 发展环境	22.30	16	19.00	13	23.05	15	26.90	17	43.32	22
1a. 营商化及市场化	19.86	15	16.41	13	19.62	16	23.45	15	41.42	21
1b. 开放化	2.45	20	2.60	14	3.43	15	3.45	15	1.90	18
2. 支撑体系	28.63	9	44.72	7	54.34	7	63.40	7	75.05	7
2a. 人才储备	13.53	8	13.39	9	14.84	9	15.50	9	16.17	9
2b. 资本存量	6.11	10	16.55	8	22.12	8	28.76	7	34.93	7
2c. 科技创新	8.99	7	14.78	7	17.38	7	19.14	7	23.95	7
3. 农业现代化	19.77	19	25.65	18	40.15	17	49.96	18	64.88	16
3a. 农业投入水平	3.68	25	4.55	24	6.70	24	8.43	23	13.10	16
3b. 农业产出水平	16.09	18	21.09	18	33.45	18	41.53	18	51.79	16
4. 工业现代化	24.81	25	31.13	26	37.50	25	41.12	24	42.34	25
4a. 工业投入水平	7.27	23	11.70	23	16.27	21	20.59	22	24.59	21
4b. 工业产出水平	7.62	28	11.15	28	14.23	22	13.72	22	11.76	27
4c. 污染治理水平	9.92	20	8.32	26	7.00	28	6.81	29	6.00	30
5. 服务业现代化	28.99	9	32.63	7	37.26	7	40.56	9	49.96	8
5a. 服务业投入水平	10.92	12	12.19	9	12.03	5	12.35	6	14.04	8
5b. 服务业产出水平	15.55	8	17.94	8	22.33	8	25.31	9	32.38	8
5c. 专业化程度	2.52	18	2.49	15	2.90	14	2.90	15	3.55	10
6. 产业可持续发展	24.81	17	24.87	24	25.37	27	17.10	18	29.81	19
6a. 治理情况	5.61	15	4.75	25	9.28	21	14.83	15	14.81	15
6b. 绿化情况	7.56	13	8.98	14	9.11	13	9.01	16	9.01	15
6c. 空气质量	11.09	18	10.57	17	6.33	28	-7.32	18	5.48	17
6d. 水资源情况	0.56	8	0.58	9	0.66	9	0.57	10	0.51	11

　　发展环境 2008 年评分为 22.30，排名第 16；2016 年评分为 43.32，排名第 22，下降 6 个名次。

　　支撑体系 2008 年评分为 28.63，排名第 9；2016 年评分为 75.05，排名第 7，提升 2 个名次。

　　农业现代化 2008 年评分为 19.77，排名第 19；2016 年评分为 64.88，

排名第16，提升3个名次。

工业现代化2008年评分为24.81，排名第25；2016年评分为42.34，排名第25，名次未变。

服务业现代化2008年评分为28.99，排名第9；2016年评分为49.96，排名第8，提升1个名次。

产业可持续发展2008年评分为24.81，排名第17；2016年评分为29.81，排名第19，下降2个名次。

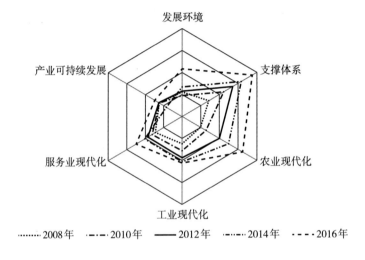

图10-1　2008~2016年四川省现代产业体系各维度评分情况

二、发展环境

在发展环境方面，如图10-2所示，四川省2008年评分为22.30，排名为第16；2016年评分为43.32，排名为第22。虽然在整个评价期间评分呈现波动增长的趋势，但排名略有下降。在五个评价年度内四川省每年的评分均处于全国中低位水平，反映出四川省的现代产业体系发展环境有待提升。其中，营商化及市场化评分由 2008 年的 19.86 增至 2016 年的 41.42，增长趋势明显；但开放化则呈现出下降的趋势，2016 年评分为 1.90，比 2008 年评分低了 0.55。

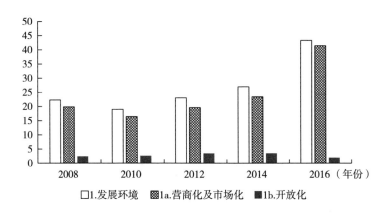

图 10-2　2008~2016 年四川省发展环境及其分项指标的评分变化

三、支撑体系

在支撑体系方面，如图 10-3 所示，四川省 2008 年评分为 28.63，随后评分呈现逐年递增的趋势；2016 年评分提升至 75.05，涨幅高达 162.14%。排名较为稳定，近几年始终保持全国第 7 的名次。在支撑体系包含的细分指标中，人才储备近几年的排名一直处于全国第 9，评分由

13.53 稳步增至 16.17；科技创新的排名一直处于全国第 7，评分由 8.99 稳步增至 23.95；资本存量的评分和排名均有显著提升，表现较好。

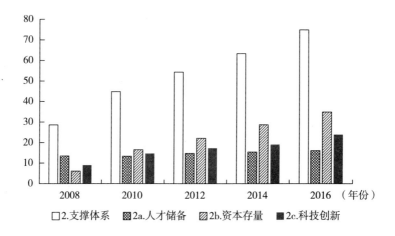

图 10 - 3　2008～2016 年四川省支撑体系及其分项指标的评分变化

四、农业现代化

在农业现代化方面，如图 10 - 4 所示，四川省 2008 年评分为 19.77，排名第 19；2016 年评分增至 64.88，排名有所上升，位于全国第 16。其中，四川省的农业投入水平有较大提升，其评分由 3.68 增至 13.10，排名由第 25 上升至第 16；农业产出水平评分由 16.09 增至 51.79，排名稳定在第 18 左右。

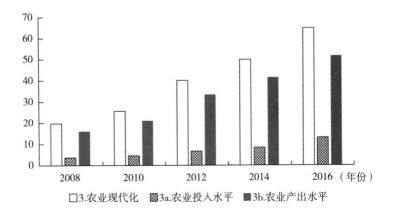

图 10－4　2008～2016 年四川省农业现代化及其分项指标的评分变化

五、工业现代化

在工业现代化方面，如图 10－5 所示，四川省的评分由 2008 年的 24.81 稳步上升到 2016 年的 42.34，排名稳定在第 25 左右。在分设的一级

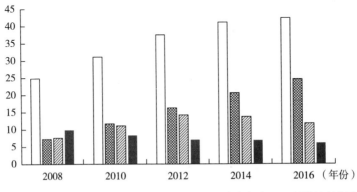

图 10－5　2008～2016 年四川省工业现代化及其一级指标的评分变化

指标中，工业投入水平、工业产出水平表现稳定；污染治理水平表现较差，排名由第 20 降至全国第 30。

六、服务业现代化

在服务业现代化方面，如图 10 - 6 所示，四川省 2008 年服务业现代化评分为 28.99，2016 年评分为 49.96，涨幅高达 72.34%，在五个评价年度内排名始终在全国前十。服务业现代化分设的三个指标中，服务业投入水平及服务业产出水平表现稳定，一直处于全国第 8 左右的水平；而专业化程度有较大提升，评分由 2.52 升至 3.55，排名也由 2008 年的第 18 变为 2016 年的全国第 10。

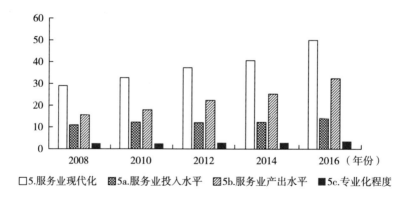

图 10 - 6 2008～2016 年四川省服务业现代化及其一级指标的评分变化

七、产业可持续发展

在产业可持续发展方面，如图 10 - 7 所示，四川省 2008 年评分为 24.81，排名第 17；2016 年评分为 29.81，排名第 19；其中，在 2008 年的排名情况最好，为全国第 17。在产业可持续发展下设的四个一级指标中，治理情况、空气质量表现稳定，一直处于全国第 17 左右的水平；但绿化情况、水资源情况有所恶化，排名均有所下降。

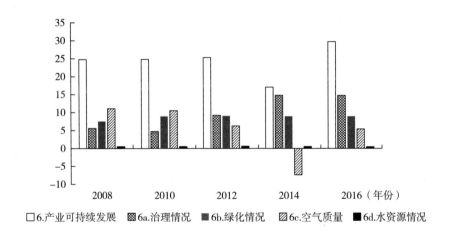

图 10 - 7　2008～2016 年四川省产业可持续发展及其一级指标的评分变化

11　陕西省

2008 年		2010 年		2012 年		2014 年		2016 年	
得分	排名	得分	排名	得分	排名	得分	排名	得分	排名
21.07	21	24.77	19	34.71	15	39.74	12	52.10	11

一、综合分析

2016 年陕西省现代产业体系评分为 52.10，比 2008 年评分高出 31.03。在五个评价年度内，陕西省现代产业体系排名逐渐提升，由第 21 升至第 11。在六个维度中，如表 11 - 1 和图 11 - 1 所示，工业现代化情况名次提升较大；支撑体系、服务业现代化一直稳定在全国第 11 左右；发展环境、农业现代化的评分和排名均呈现波动上升趋势；产业可持续发展一直稳定在全国第 21 左右。

表 11 –1　陕西省现代产业体系各维度得分及排名

名称	2008 年		2010 年		2012 年		2014 年		2016 年	
	得分	排名	得分	排名	得分	排名	得分	排名	得分	排名
1. 发展环境	14.37	25	5.45	26	16.03	22	24.12	19	46.20	18
1a. 营商化及市场化	13.23	24	4.35	26	15.02	21	22.30	18	44.26	19
1b. 开放化	1.14	27	1.10	26	1.00	26	1.82	25	1.94	17
2. 支撑体系	25.58	10	33.27	10	38.63	12	45.85	12	57.71	12
2a. 人才储备	14.01	6	14.10	7	14.90	7	16.65	5	17.06	5
2b. 资本存量	3.10	22	8.87	17	12.40	17	15.65	16	19.63	16
2c. 科技创新	8.47	9	10.30	10	11.32	14	13.55	13	21.02	10
3. 农业现代化	13.26	25	23.27	24	38.31	19	49.81	19	57.28	22
3a. 农业投入水平	3.94	24	5.63	22	7.86	22	9.15	20	10.98	21
3b. 农业产出水平	9.32	24	17.63	24	30.45	21	40.66	20	46.30	21
4. 工业现代化	36.12	14	41.85	18	67.45	5	70.47	6	76.73	6
4a. 工业投入水平	11.03	14	13.60	17	21.42	12	25.21	13	32.70	10
4b. 工业产出水平	18.50	5	18.74	8	36.16	2	35.09	2	32.11	2
4c. 污染治理水平	6.59	28	9.52	20	9.87	22	10.16	19	11.92	10
5. 服务业现代化	22.63	17	25.27	19	30.17	15	38.56	10	49.53	9
5a. 服务业投入水平	9.35	15	10.83	12	9.46	14	7.86	18	10.69	14
5b. 服务业产出水平	10.86	20	12.35	20	19.03	13	28.82	7	36.80	7
5c. 专业化程度	2.42	19	2.09	22	1.69	25	1.89	25	2.03	24
6. 产业可持续发展	21.60	21	30.25	17	30.27	23	12.16	21	24.35	21
6a. 治理情况	4.69	19	10.36	11	9.90	20	15.31	11	16.88	13
6b. 绿化情况	8.90	10	11.24	10	11.59	10	11.88	10	12.25	9
6c. 空气质量	7.89	21	8.41	25	8.61	26	-15.18	26	-4.89	26
6d. 水资源情况	0.13	20	0.23	21	0.17	21	0.15	20	0.11	22

　　发展环境 2008 年评分为 14.37，排名第 25；2016 年评分为 46.20，排名第 18，提升 7 个名次。

　　支撑体系 2008 年评分为 25.58，排名第 10；2016 年评分为 57.71，排名第 12，名次有所下降。

　　农业现代化 2008 年评分为 13.26，排名第 25；2016 年评分为 57.28，

排名第22，提升3个名次。

工业现代化2008年评分为36.12，排名第14；2016年评分为76.73，排名第6，提升8个名次。

服务业现代化2008年评分为22.63，排名第17；2016年评分为49.53，排名第9，提升8个名次。

产业可持续发展2008年评分为21.60，排名第21；2016年评分为24.35，排名第21，名次未变。

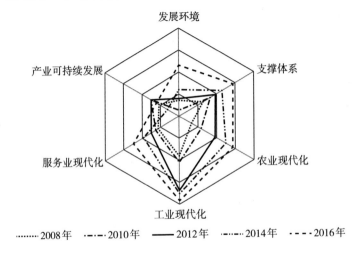

.........2008年　－·—·2010年　——2012年　－···—2014年　－－－2016年

图11-1　2008～2016年陕西省现代产业体系各维度评分情况

二、发展环境

在发展环境方面，如图11-2所示，陕西省2008年评分为14.37，排名第25；2016年评分为46.20。在整个评价期间评分呈现波动增长的趋势，且排名有所提升，2016 年排名为全国第 18。在五个评价年度内，营商化及市场化评分由 2008 年的 13.23 增至 2016 年的 44.26，增长趋势明显；同时，开放化表现较好，评分由 2008 年的 1.14 增至 2016 年的 1.94，且排名由全国第 27 增至全国第 17。

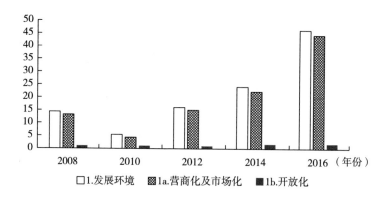

图 11 - 2　2008~2016 年陕西省发展环境及其分项指标的评分变化

三、支撑体系

在支撑体系方面，如图 11 - 3 所示，陕西省 2008 年评分为 25.58，随后评分呈现逐年递增的趋势；2016 年评分提升至 57.71，涨幅高达 125.61%。排名较为稳定，始终处于全国第 10 左右的名次。在支撑体系包含的细分指标中，人才储备的排名一直处于全国第 5 左右，评分由 14.01 稳步增至 17.06；但在科技创新方面的表现有所欠佳，虽然评分由 2008 年的 8.47 提升至 2016 年的 21.02，但排名却由全国第 9 下降为全国第 10。

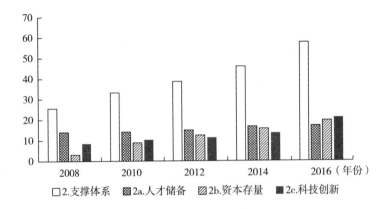

图 11 - 3　2008～2016 年陕西省支撑体系及其分项指标的评分变化

四、农业现代化

在农业现代化方面，如图 11 - 4 所示，陕西省 2008 年评分为 13.26，排名第 25；2016 年评分增至 57.28，且排名有所提升，位于全国第 22。其

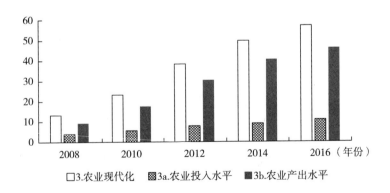

图 11 - 4　2008～2016 年陕西省农业现代化及其分项指标的评分变化

中，陕西省的农业投入水平稳定处于全国第22名左右；农业产出水平评分由9.32增至46.30，排名有所上升，由全国第24提升至全国第21。

五、工业现代化

在工业现代化方面，如图11-5所示，陕西省的评分由2008年的36.12稳步上升，于2016年达到76.73，排名也由第14升至第6。在分设的一级指标中，工业投入水平表现稳定，评分呈现逐年递增的趋势，排名上升了4个位次；污染治理水平提升最大，排名由全国第28升至全国第10，评分也有所上升。

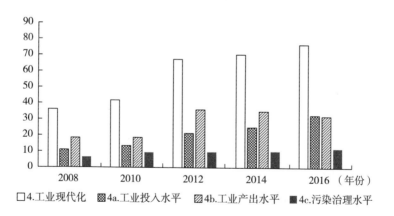

图11-5　2008~2016年陕西省工业现代化及其一级指标的评分变化

六、服务业现代化

在服务业现代化方面，如图11-6所示，陕西省2008年服务业现代化评分为22.63，2016年评分为49.53，涨幅高达118.87%。在五个评价年度内排名显著上升，由全国第17升至全国第9。服务业现代化分设的三个指标中，服务业投入水平评分从9.35上升至10.69，排名也有所上升；专业化程度排名由全国第19降至全国第24；服务业产出水平有较大提升，由10.86升至36.80，排名也由2008年的全国第20变为2016年的全国第7。

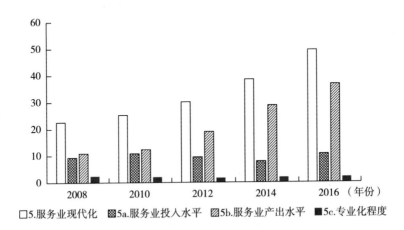

□5.服务业现代化　▨5a.服务业投入水平　◪5b.服务业产出水平　■5c.专业化程度

图11-6　2008~2016年陕西省服务业现代化及其一级指标的评分变化

七、产业可持续发展

在产业可持续发展方面，如图 11－7 所示，陕西省 2008 年评分为 21.60，排名第 21。2016 年评分为 24.35，排名第 21。其中，在 2010 年的排名情况最好，为全国第 17。在产业可持续发展下设的四个一级指标中，治理情况提升幅度最大，评分由 2008 年的 4.69 增至 2016 年的 16.88，排名也有所上升；但空气质量有所恶化，2008 年评分为 7.89，2014 年评分为 -15.18，2016 年评分为 -4.89。

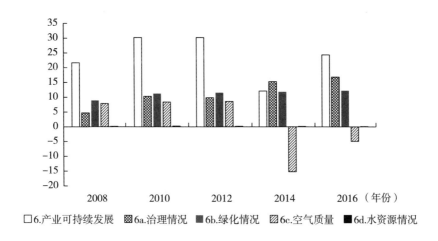

□ 6.产业可持续发展　▨ 6a.治理情况　■ 6b.绿化情况　▨ 6c.空气质量　■ 6d.水资源情况

图 11 -7　2008～2016 年陕西省产业可持续发展及其一级指标的评分变化

12　重庆市

2008 年		2010 年		2012 年		2014 年		2016 年	
得分	排名	得分	排名	得分	排名	得分	排名	得分	排名
20.42	22	25.47	18	34.28	17	38.62	13	51.16	12

一、综合分析

　　2016 年重庆市现代产业体系评分为 51.16，比 2008 年评分高出 30.74。在五个评价年度内，重庆市现代产业体系从第 22 上升到第 12。在六个维度中，如表 12 - 1 和图 12 - 1 所示，发展环境情况最好，排名处于全国第10 左右，并在近几年逐渐稳定在全国第 8；工业现代化、服务业现代化的排名稳定在全国第 15 左右；支撑体系近几年一直稳定在全国第 17 的水平；农业现代化的评分和排名均呈现明显的上升趋势；产业可持续发展评分有所上升但排名呈现波动下降的趋势。

表 12 - 1 重庆市现代产业体系各维度得分及排名

名称	2008 年		2010 年		2012 年		2014 年		2016 年	
	得分	排名	得分	排名	得分	排名	得分	排名	得分	排名
1. 发展环境	23.12	14	21.70	11	33.21	8	43.48	7	64.65	8
1a. 营商化及市场化	20.61	14	19.22	11	25.64	7	32.94	6	58.95	7
1b. 开放化	2.51	19	2.48	15	7.58	10	10.54	8	5.71	10
2. 支撑体系	14.94	19	21.98	18	29.16	17	32.78	17	42.88	17
2a. 人才储备	5.90	23	6.70	22	7.76	20	6.90	20	7.24	21
2b. 资本存量	4.01	17	8.04	18	11.52	18	14.86	18	19.04	17
2c. 科技创新	5.03	16	7.24	16	9.88	16	11.02	16	16.61	14
3. 农业现代化	14.37	23	21.38	23	35.05	24	45.43	24	64.05	18
3a. 农业投入水平	2.18	28	3.35	26	5.09	26	6.70	24	10.36	22
3b. 农业产出水平	12.20	22	18.03	22	29.96	22	38.72	22	53.69	13
4. 工业现代化	34.27	18	40.77	19	45.28	19	52.78	16	57.76	13
4a. 工业投入水平	8.71	19	12.38	20	16.14	22	23.17	16	26.69	15
4b. 工业产出水平	12.91	13	15.83	13	16.71	14	16.57	13	19.21	11
4c. 污染治理水平	12.65	10	12.57	12	12.43	9	13.04	11	11.85	11
5. 服务业现代化	23.20	15	25.68	16	32.93	10	36.93	12	42.88	14
5a. 服务业投入水平	6.89	22	7.66	23	7.11	23	5.87	26	8.33	22
5b. 服务业产出水平	13.12	15	14.81	14	21.30	9	26.51	8	30.73	10
5c. 专业化程度	3.19	11	3.21	12	4.53	5	4.55	4	3.82	7
6. 产业可持续发展	16.96	26	29.46	18	34.57	19	16.71	19	25.01	20
6a. 治理情况	4.52	20	10.68	10	10.60	17	9.24	24	7.70	24
6b. 绿化情况	4.91	18	8.85	15	9.02	15	9.04	15	9.06	14
6c. 空气质量	7.17	24	9.65	21	14.67	10	-1.96	13	7.89	14
6d. 水资源情况	0.36	13	0.28	17	0.28	17	0.38	13	0.35	17

发展环境 2008 年评分为 23.12，排名第 14；2016 年评分为 64.65，排名第 8，提升 6 个名次。

支撑体系 2008 年评分为 14.94，排名第 19；2016 年评分为 42.88，排名第 17，提升 2 个名次。

农业现代化 2008 年评分为 14.37，排名第 23；2016 年评分为 64.05，

排名第 18，提升 5 个名次。

工业现代化 2008 年评分为 34.27，排名第 18；2016 年评分为 57.76，排名第 13，提升 5 个名次。

服务业现代化 2008 年评分为 23.20，排名第 15；2016 年评分为 42.88，排名第 14，提升 1 个名次。

产业可持续发展 2008 年评分为 16.96，排名第 26；2016 年评分为 25.01，排名第 20，提升 6 个名次。

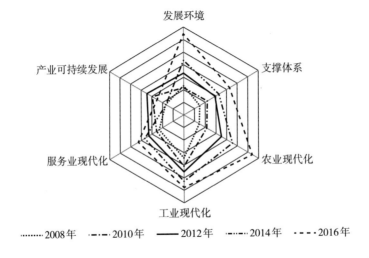

........2008 年　-·-·2010 年　——2012 年　-··-2014 年　-·-·2016 年

图 12 - 1　2008～2016 年重庆市现代产业体系各维度评分情况

二、发展环境

在发展环境方面，如图 12 - 2 所示，重庆市 2008 年评分为 23.12，排名第 14；2016 年评分为 64.65，排名第 8。在整个评价期间，评分呈现显著增长的趋势，排名提升了 6 个名次。在五个评价年度内，重庆市每年的评分均处于全国前十左右，反映出重庆市具有良好的现代产业体系发展环境。其中，营商化及市场化评分由 2008 年的 20.61 增至 2016 年的 58.95，增长趋势明显；开放化评分在 2012 年及 2014 年均呈现上升趋势，但 2016 年显著下降，从 2014 年的 10.54 降至 2016 年的 5.71。

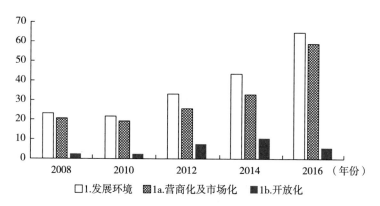

图 12-2　2008～2016 年重庆市发展环境及其分项指标的评分变化

三、支撑体系

在支撑体系方面，如图 12-3 所示，重庆市 2008 年评分为 14.94，随后评分呈现逐年递增的趋势；2016 年评分提升至 42.88，涨幅高达 187.01%。排名较为稳定，处于全国第 17 左右。在支撑体系包含的细分指标中，人才储备的排名一直稳定在全国第 20 左右，评分由 5.90 稳步增至 7.24；同时，在科技创新方面的表现良好，评分由 2008 年的 5.03 提升至 2016 年的 16.61，提升了 2 个名次。

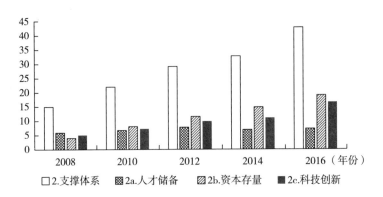

图 12－3　2008～2016 年重庆市支撑体系及其分项指标的评分变化

四、农业现代化

在农业现代化方面，如图 12－4 所示，重庆市 2008 年评分为 14.37，排名为第 23；2016 年评分增至 64.05，排名上升至第 18。其中，重庆市的

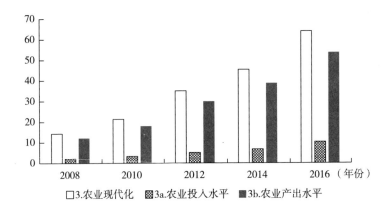

图 12－4　2008～2016 年重庆市农业现代化及其分项指标的评分变化

农业投入水平由 2008 年的 2.18 上升至 2016 年的 10.36，排名从第 28 上升至第 22，其农业投入水平有待提升。农业产出水平评分由 12.20 增至 53.69，排名上升趋势明显，由全国第 22 提升至全国第 13。

五、工业现代化

在工业现代化方面，如图 12 – 5 所示，重庆市的评分由 2008 年的 34.27 稳步上升至 2016 年的 57.76，评价排名也由全国第 18 升至第 13。在分设的一级指标中，工业产出水平、污染治理水平表现稳定，稳定在全国前 15 名之内；工业投入水平提升最大，排名由第 19 升至第 15，评分显著上升。

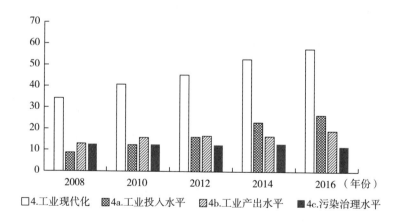

图 12 – 5　2008～2016 年重庆市工业现代化及其一级指标的评分变化

六、服务业现代化

在服务业现代化方面，如图 12-6 所示，重庆市 2008 年服务业现代化评分为 23.20，2016 年评分为 42.88，涨幅高达 84.83%。在五个评价年度内排名始终处于第 15 左右。服务业现代化分设的三个指标中，服务业投入水平表现稳定，一直处于全国第 25 名左右的水平，处于全国的低位，表示其服务业投入水平有待提升；服务业产出水平和专业化程度有较大提升，其排名均处于全国前 15 之内。

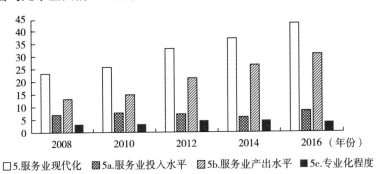

<!-- 图例 -->
□5.服务业现代化　▨5a.服务业投入水平　▨5b.服务业产出水平　■5c.专业化程度

图 12-6　2008~2016 年重庆市服务业现代化及其一级指标的评分变化

七、产业可持续发展

在产业可持续发展方面，如图 12-7 所示，重庆市 2008 年评分为

16.96，排名第 26；2016 年评分为 25.01，排名第 20；其中，在 2010 年的
排名情况最好，为全国第 18。在产业可持续发展下设的四个一级指标中，
空气质量提升幅度最大，评分由 2008 年的 7.17 增至 2016 年的 7.89，排名
上升 10 位；其余三个指标均有所恶化，其评分虽有增长但排名有所下降。

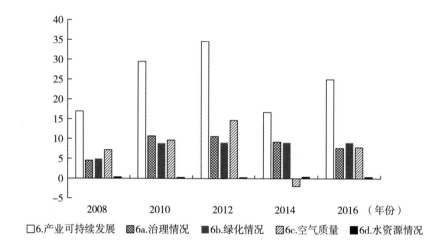

图 12 - 7　2008～2016 年重庆市产业可持续发展及其一级指标的评分变化

13　湖南省

2008 年		2010 年		2012 年		2014 年		2016 年	
得分	排名	得分	排名	得分	排名	得分	排名	得分	排名
24.76	15	28.98	14	35.09	14	37.87	14	50.66	13

一、综合分析

2016 年湖南省现代产业体系评分为 50.66，比 2008 年评分高出 25.9。在五个评价年度内，湖南省现代产业体系保持在全国中上游的行列。在六个维度中，如表 13 - 1 和图 13 - 1 所示，发展环境、工业现代化和服务业现代化的评分和排名均呈上升趋势，其中发展环境的排名上升幅度最大；产业可持续发展的评分呈波动下降趋势，排名也下降了 7 个位次；支撑体系的评分呈上升趋势但是排名也下降了 5 个位次；农业现代化的评分也呈逐年递增趋势，但是排名未发生改变。

表 13 - 1   湖南省现代产业体系各维度得分及排名

名称	2008 年		2010 年		2012 年		2014 年		2016 年	
	得分	排名	得分	排名	得分	排名	得分	排名	得分	排名
1. 发展环境	15.00	24	12.04	23	16.13	21	23.38	20	48.31	15
1a. 营商化及市场化	13.80	22	11.27	20	15.30	19	22.29	19	47.64	14
1b. 开放化	1.20	26	0.78	27	0.83	27	1.09	28	0.67	27
2. 支撑体系	23.15	11	31.15	13	37.98	15	40.66	15	49.42	16
2a. 人才储备	12.61	10	13.17	10	14.01	10	11.85	12	11.98	13
2b. 资本存量	4.29	15	9.32	15	12.74	16	16.47	15	22.63	15
2c. 科技创新	6.25	12	8.66	13	11.22	15	12.35	14	14.82	15
3. 农业现代化	30.49	11	39.91	12	53.70	12	62.08	12	73.34	11
3a. 农业投入水平	9.00	12	10.15	12	12.45	12	14.28	12	17.14	10
3b. 农业产出水平	21.48	11	29.75	13	41.25	11	47.80	14	56.20	11
4. 工业现代化	29.05	22	36.69	21	40.18	22	43.71	23	48.84	19
4a. 工业投入水平	8.48	20	12.10	22	15.98	24	18.82	24	21.16	24
4b. 工业产出水平	7.96	27	11.79	26	14.32	20	15.12	20	16.29	17
4c. 污染治理水平	12.61	11	12.80	10	9.88	21	9.76	24	11.39	13
5. 服务业现代化	26.23	13	27.08	13	29.99	14	34.49	13	44.28	12
5a. 服务业投入水平	11.44	7	11.96	10	11.67	7	10.18	10	12.53	9
5b. 服务业产出水平	12.40	17	12.95	18	16.41	18	22.24	13	29.66	13
5c. 专业化程度	2.39	20	2.17	20	1.91	23	2.07	23	2.09	23
6. 产业可持续发展	28.68	11	32.44	14	35.45	17	17.63	17	30.05	18
6a. 治理情况	5.17	16	5.74	23	9.97	19	11.03	19	10.23	18
6b. 绿化情况	10.21	7	11.69	9	11.70	9	12.01	9	12.12	10
6c. 空气质量	12.85	12	14.48	11	13.24	13	-5.89	17	7.11	16
6d. 水资源情况	0.45	11	0.53	10	0.55	10	0.48	11	0.59	9

发展环境 2008 年评分为 15.00，排名第 24；2016 年评分为 48.31，排名第 15，上升了 9 个名次。

支撑体系 2008 年评分为 23.15，排名第 11；2016 年评分为 49.42，排名第 16，名次有所下降。

农业现代化 2008 年评分为 30.49，排名第 11；2016 年评分为 73.34，

排名第 11，排名没有发生改变。

工业现代化 2008 年评分为 29.05，排名第 22；2016 年评分为 48.84，排名第 19，名次有所上升。

服务业现代化 2008 年评分为 26.23，排名第 13；2016 年评分为 44.28，排名第 12，上升了 1 个名次。

产业可持续发展 2008 年评分为 28.68，排名第 11；2016 年评分为 30.05，排名第 18，下降了 7 个名次。

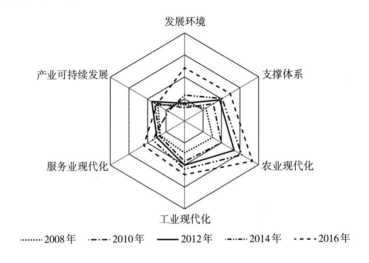

图 13 -1　2008~2016 年湖南省现代产业体系各维度评分情况

二、发展环境

在发展环境方面，如图 13 -2 所示，湖南省 2008 年评分为 15.00，排名第 24；2016 年的评分为 48.31，排名上升了 9 个位次。其中，营商化及市场化评分由 2008 年的 13.80 增至 2016 年的 47.64，增长趋势明显，排名也提升了 8 个位次；开放化呈现波动下降趋势，2016 年评分为 0.67，比 2008 年评分低了 0.53，排名也降低了 1 个位次。

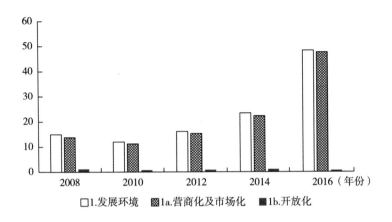

图 13 - 2　2008～2016 年湖南省发展环境及其分项指标的评分变化

三、支撑体系

在支撑体系方面，如图 13 - 3 所示，湖南省 2008 年评分为 23.15，随后评分呈现逐年递增的趋势；2016 年评分提升至 49.42，但是排名下降了 5 个位次。在支撑体系包含的细分指标中，人才储备的评分呈波动下降趋势，排名降低了 3 个位次；资本存量评分呈明显的上升趋势，排名趋于稳定；科技创新的评分也呈上升趋势，但是排名降低了 3 个位次。

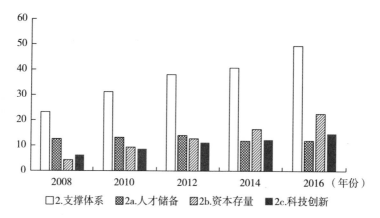

图 13 - 3   2008～2016 年湖南省支撑体系及其分项指标的评分变化

四、农业现代化

在农业现代化方面，如图 13 - 4 所示，湖南省 2008 年评分为 30.49，排名为第 11；2016 年评分增至 73.34，排名未发生变化。其中，农业投入

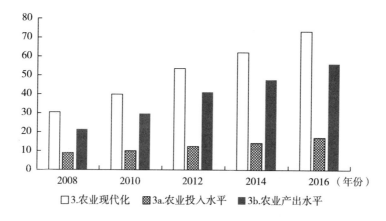

图 13 - 4   2008～2016 年湖南省农业现代化及其分项指标的评分变化

水平和农业产出水平评分都呈上升趋势，农业投入水平的排名上升了2个位次，农业产出水平的排名未发生改变。

五、工业现代化

在工业现代化方面，如图 13 - 5 所示，湖南省的评分由 2008 年的 29.05 稳步上升，2016 年达到 48.84，在排名上提高了 3 个位次。在分设的一级指标中，工业投入水平和工业产出水平的评分均呈逐渐上升的趋势，其中，工业投入水平的排名下降了 4 个位次，工业产出水平的排名提高了 10 个位次；污染治理水平的评分趋向于波动下降趋势，名次也下降了 2 位。

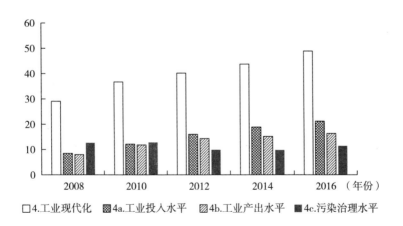

图 13 - 5   2008 ~ 2016 年湖南省工业现代化及其一级指标的评分变化

六、服务业现代化

在服务业现代化方面，如图13-6所示，湖南省2008年服务业现代化评分为26.23，2016年评分为44.28，排名提升了1个位次。服务业现代化分设的三个指标中，服务业投入水平和专业化程度排名出现小幅度的下降；服务业产出水平排名则呈上升趋势，2016年比2008年提升了4个位次。

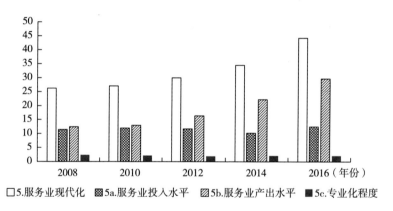

□5.服务业现代化　▨5a.服务业投入水平　▧5b.服务业产出水平　■5c.专业化程度

图13-6　2008~2016年湖南省服务业现代化及其一级指标的评分变化

七、产业可持续发展

在产业可持续发展方面，如图13-7所示，湖南省2008年评分为28.68，排名第11；2016年评分为30.05，排名第18，在排名上降低了7

个位次。在产业可持续发展下设的四个一级指标中，水资源情况表现最好，在评分上呈明显的增长趋势，排名也上升了 2 个位次；治理情况、绿化情况和空气质量的排名均有所下降，其中空气质量的评分在 2014 年为负值。

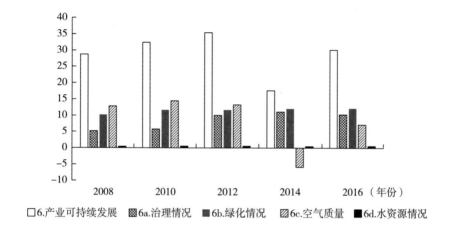

图 13 - 7　2008 ~ 2016 年湖南省产业可持续发展及其一级指标的评分变化

14 安徽省

2008 年		2010 年		2012 年		2014 年		2016 年	
得分	排名	得分	排名	得分	排名	得分	排名	得分	排名
23.72	16	28.64	15	35.13	13	36.62	15	50.50	14

一、综合分析

2016 年安徽省现代产业体系评分为 50.50，比 2008 年评分高出 26.78。在五个评价年度内，安徽省现代产业体系一直保持中等排名。在六个维度中，如表 14-1 和图 14-1 所示，支撑体系和服务业现代化的排名始终保持在 15 名以内；工业现代化和产业可持续发展的评分和排名呈明显的上升趋势；发展环境评分上升但排名呈现下降的趋势；农业现代化排名趋于平稳但是评分呈上升趋势。

表 14-1 安徽省现代产业体系各维度得分及排名

名称	2008 年		2010 年		2012 年		2014 年		2016 年	
	得分	排名	得分	排名	得分	排名	得分	排名	得分	排名
1. 发展环境	26.21	11	24.21	10	22.85	16	27.21	14	52.04	13
1a. 营商化及市场化	23.15	10	21.81	7	19.78	15	24.09	14	49.62	12
1b. 开放化	3.06	15	2.41	18	3.07	17	3.12	17	2.43	14
2. 支撑体系	20.50	15	29.60	15	42.58	10	45.89	11	56.15	13
2a. 人才储备	11.09	11	11.60	11	12.81	11	10.35	14	10.95	14
2b. 资本存量	4.36	14	9.29	16	12.99	15	16.65	14	22.93	14
2c. 科技创新	5.06	15	8.70	12	16.79	8	18.88	8	22.28	8
3. 农业现代化	19.36	20	27.09	17	37.93	21	48.53	20	58.03	20
3a. 农业投入水平	7.26	14	8.94	13	10.92	13	12.13	13	15.91	13
3b. 农业产出水平	12.10	23	18.15	21	27.01	21	36.40	24	42.12	23
4. 工业现代化	27.38	24	36.11	22	41.43	21	47.13	19	50.75	17
4a. 工业投入水平	7.84	22	12.46	19	16.04	23	21.74	20	25.39	18
4b. 工业产出水平	6.46	31	10.68	29	12.37	28	12.05	29	11.81	26
4c. 污染治理水平	13.08	8	12.97	7	13.02	8	13.35	9	13.55	5
5. 服务业现代化	32.83	7	30.62	9	32.07	11	34.08	14	43.18	13
5a. 服务业投入水平	15.79	3	13.93	4	13.00	4	10.50	13	10.78	13
5b. 服务业产出水平	14.35	11	14.81	15	17.39	15	21.77	14	30.21	12
5c. 专业化程度	2.69	15	1.89	24	1.68	26	1.82	26	2.19	21
6. 产业可持续发展	14.50	28	27.24	20	38.47	14	11.51	23	36.61	11
6a. 治理情况	8.22	10	10.08	12	17.78	9	22.66	8	25.98	6
6b. 绿化情况	6.09	15	7.44	18	7.45	18	7.57	18	7.73	18
6c. 空气质量	0.00	31	9.46	22	13.04	14	-18.93	28	2.54	21
6d. 水资源情况	0.19	19	0.26	19	0.20	20	0.22	18	0.36	16

发展环境 2008 年评分为 26.21，排名第 11；2016 年评分为 52.04，排名第 13，下降 2 个名次。

支撑体系 2008 年评分为 20.50，排名第 15；2016 年评分为 56.15，排名第 13，提升 2 个名次。

农业现代化 2008 年评分为 19.36，排名第 20；2016 年评分为 58.03，

排名第20，名次未变。

工业现代化2008年评分为27.38，排名第24；2016年评分为50.75，排名第17，提升7个名次。

服务业现代化2008年评分为32.83，排名第7；2016年评分为43.18，排名第13，名次下降6位。

产业可持续发展2008年评分为14.50，排名第28；2016年评分为36.61，排名第11，上升17个名次。

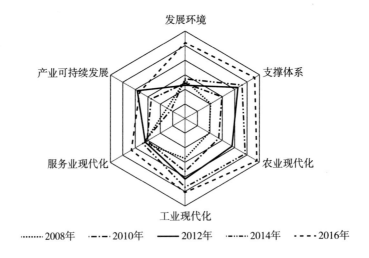

图14-1 2008～2016年安徽省现代产业体系各维度评分情况

二、发展环境

在发展环境方面，如图14-2所示，安徽省2008年评分为26.21，排名第11；2016年的评分为52.04。虽然在整个评价期间评分呈现波动增长的趋势，但排名略有下降，2016年排名为全国第13。营商化及市场化评分由2008年的23.15增至2016年的49.62，增长趋势明显；开放化则呈现出下降的趋势，2016年评分为2.43，比2008年评分低了0.63。

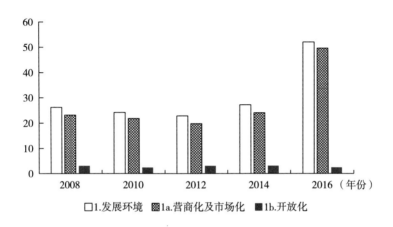

图14-2 2008~2016年安徽省发展环境及其分项指标的评分变化

三、支撑体系

在支撑体系方面，如图14-3所示，安徽省2008年评分为20.50，随后评分呈现逐年递增的趋势。2016年评分提升至56.15，增长了约1.7倍，排名也上升了2个名次。在支撑体系包含的细分指标中，人才储备的评分和排名均有所下降；在科技创新方面的表现较好，评分由2008年的5.06提升到2016年的22.28，排名也从第15上升到了第8。

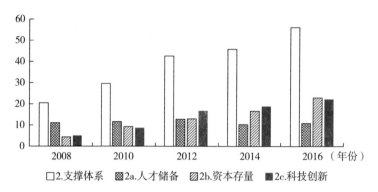

图 14 - 3　2008～2016 年安徽省支撑体系及其分项指标的评分变化

四、农业现代化

在农业现代化方面，如图 14 - 4 所示，安徽省 2008 年评分为 19.36，排名为第 20；2016 年评分增至 58.03，排名位次没有发生变化。其中，安徽省的农业投入水平和农业产出水平的评分都具有明显的增长趋势，但是在全国排名上没有发生明显的变化。

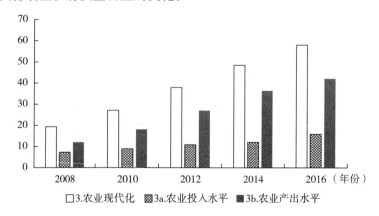

图 14 - 4　2008～2016 年安徽省农业现代化及其分项指标的评分变化

五、工业现代化

在工业现代化方面，如图 14 – 5 所示，安徽省的评分由 2008 年的
27.38 稳步上升，在 2016 年达到 50.75，评价排名也由第 24 提升至第 17。
在分设的一级指标中，工业投入水平、工业产出水平和污染治理水平在评
分和排名上均有较为明显的上升趋势。

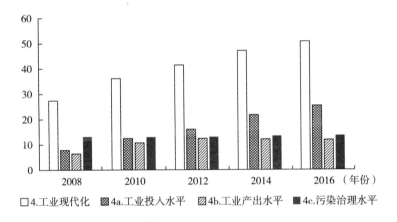

图 14 – 5　2008 ~ 2016 年安徽省工业现代化及其一级指标的评分变化

六、服务业现代化

在服务业现代化方面，如图 14 –6 所示，安徽省 2008 年服务业现代化

评分为 32.83；2016 年评分为 43.18，排名由第 7 下降至第 13。服务业现代化分设的三个指标中，服务业投入水平、服务业产出水平和专业化程度在排名上具有较为明显的下降趋势。

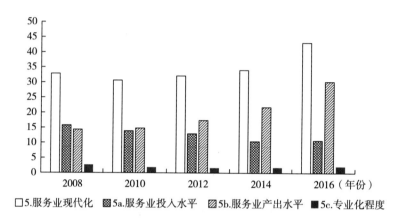

图 14-6　2008~2016 年安徽省服务业现代化及其一级指标的评分变化

七、产业可持续发展

在产业可持续发展方面，如图 14-7 所示，安徽省 2008 年评分为 14.50，排名第 28；2016 年评分为 36.61，排名第 11。在产业可持续发展下设的四个一级指标中，治理情况、空气质量和水资源情况的排名均有明显的上升。其中，空气质量排名从第 31 上升到了第 21，变动最大，但在 2014 年空气质量评分为 -18.93。

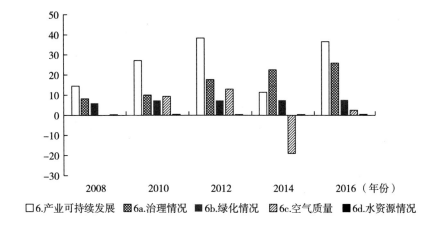

□ 6.产业可持续发展 ▨ 6a.治理情况 ■ 6b.绿化情况 ▨ 6c.空气质量 ■ 6d.水资源情况

图 14－7　2008～2016 年安徽省产业可持续发展及其一级指标的评分变化

15　辽宁省

2008 年		2010 年		2012 年		2014 年		2016 年	
得分	排名	得分	排名	得分	排名	得分	排名	得分	排名
31. 38	9	35. 47	9	44. 91	9	43. 01	9	50. 49	15

一、综合分析

辽宁省现代产业体系评分逐年递增但排名有所下降。2016 年评分为50. 49，比 2008 年评分高出 19. 11。在前四个评价年度排名中一直保持全国第 9，但 2016 年排名跌至第 15。具体而言，如表 15 - 1 和图 15 - 1 所示，六个维度均呈现出排名不断下降的趋势，其中产业可持续发展名次下降幅度最大。除产业可持续发展外的其余五个维度排名虽然下降，但评分有所上升。

表 15 - 1   辽宁省现代产业体系各维度得分及排名

名称	2008 年		2010 年		2012 年		2014 年		2016 年	
	得分	排名	得分	排名	得分	排名	得分	排名	得分	排名
1. 发展环境	33.70	8	25.87	9	28.27	10	29.69	11	52.97	12
1a. 营商化及市场化	24.31	9	18.31	12	21.08	13	23.06	17	45.74	17
1b. 开放化	9.39	9	7.56	9	7.19	11	6.63	10	7.22	9
2. 支撑体系	32.44	7	44.45	8	51.80	8	56.47	8	64.32	8
2a. 人才储备	13.97	7	14.79	6	15.53	6	16.87	4	17.18	4
2b. 资本存量	10.40	7	19.32	7	24.40	7	28.27	8	33.64	8
2c. 科技创新	8.07	11	10.34	9	11.87	11	11.33	15	13.51	16
3. 农业现代化	29.58	12	36.89	14	54.72	11	62.67	11	65.58	14
3a. 农业投入水平	5.16	19	5.62	23	8.54	18	9.93	16	11.51	19
3b. 农业产出水平	24.41	10	31.27	10	46.18	9	52.74	10	54.07	12
4. 工业现代化	39.56	11	49.64	8	55.93	10	57.37	13	47.88	21
4a. 工业投入水平	18.22	5	22.46	7	25.74	7	28.66	9	27.08	14
4b. 工业产出水平	13.63	10	19.81	6	23.56	6	22.59	6	14.18	20
4c. 污染治理水平	7.71	25	7.37	28	6.64	29	6.11	30	6.62	28
5. 服务业现代化	26.03	14	27.79	12	30.53	12	33.86	15	35.55	19
5a. 服务业投入水平	11.34	9	10.65	13	8.26	17	9.85	11	7.73	24
5b. 服务业产出水平	12.50	16	15.13	13	20.08	12	21.75	15	24.68	20
5c. 专业化程度	2.19	22	2.01	23	2.19	21	2.25	21	3.13	14
6. 产业可持续发展	28.66	12	33.10	13	57.62	1	11.15	24	23.00	22
6a. 治理情况	9.06	5	11.01	9	35.62	2	13.97	16	9.22	21
6b. 绿化情况	7.71	12	9.00	13	9.08	14	9.11	14	8.97	16
6c. 空气质量	11.80	15	12.85	14	12.72	16	-11.96	22	4.70	18
6d. 水资源情况	0.09	22	0.24	20	0.21	19	0.03	23	0.12	21

发展环境 2008 年评分为 33.70，排名第 8；2016 年评分为 52.97，排名第 12，下降 4 个名次。

支撑体系 2008 年评分为 32.44，排名第 7；2016 年评分为 64.32，排名第 8，名次有所下降。

农业现代化 2008 年评分为 29.58，排名第 12；2016 年评分为 65.58，排名第 14，下降 2 个名次。

工业现代化2008年评分为39.56，排名第11；2016年评分为47.88，排名第21，下降10个名次。

服务业现代化2008年评分为26.03，排名第14；2016年评分为35.55，排名第19，名次有所下降。

产业可持续发展2008年评分为28.66，排名第12；2016年评分为23.00，排名第22，下降10个名次。

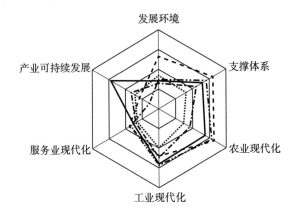

图15-1 2008~2016年辽宁省现代产业体系各维度评分情况

二、发展环境

在发展环境方面，如图15-2所示，辽宁省评分呈现先降后升的趋势。2010年评分最低，为25.87；2016年评分最高，为52.97。排名一路下降，

2016 年排名第 12，比 2008 年排名下降 4 个名次。在其分设的一级指标中，营商化及市场化评分不断提升但排名下降趋势明显，而开放化排名波动较小但评分有所下降。

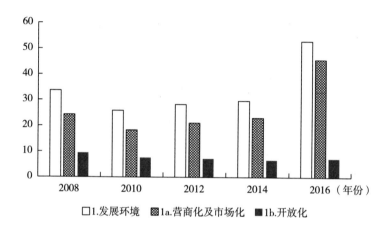

图 15－2　**2008~2016 年辽宁省发展环境及其分项指标的评分变化**

三、支撑体系

在支撑体系方面，如图 15－3 所示，辽宁省评分逐年递增，2008 年评分为 32.44，2016 年评分为 64.32。排名相对稳定，2008 年排名为第 7，后四个评价年度排名均为第 8。支撑体系下设的一级指标中，人才储备的评分和排名均有所提升；资本存量的评分逐年递增但排名有小幅度的下降，前三个评价年度排名第 7，后两个评价年度排名第 8；科技创新评分有所上升但排名呈现下降的趋势。

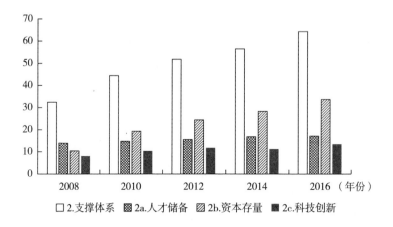

图 15 – 3　2008～2016 年辽宁省支撑体系及其分项指标的评分变化

四、农业现代化

在农业现代化方面，如图 15 – 4 所示，评分增长趋势明显。2008 年评分为 29.58，2016 年评分为 65.58。排名则呈现波动变化的趋势，2012 年与 2014 年排名情况最好，为全国第 11。两个一级指标评分均呈现逐年递增的趋势。但一级指标的排名不稳定，其中农业产出水平在 2012 年排名最好，为全国第 9，而 2016 年排名降至第 12；农业投入水平在 2010 年排名最差，为全国第 23，2016 年排名升至第 19。

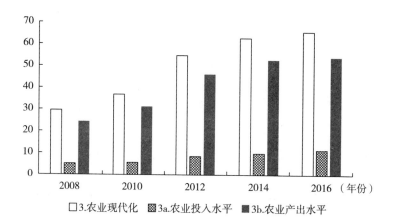

图 15 – 4 2008～2016 年辽宁省农业现代化及其分项指标的评分变化

五、工业现代化

在工业现代化方面，如图 15 – 5 所示，评分和排名呈现先增后降的趋势，2014 年评分最高，为 57.37，而 2016 年评分降至 47.88。2010 年排名最高，为全国第 8，而 2016 年排名降至第 21。其下设的一级指标中，工业投入水平评分逐年递增但排名有所下降，工业产出水平的评分和排名均呈现先增后降的趋势，污染治理水平评分及排名出现小幅度的下降趋势。

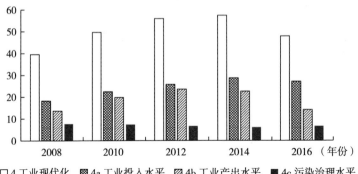

图 15 - 5　2008~2016 年辽宁省工业现代化及其一级指标的评分变化

六、服务业现代化

在服务业现代化方面，如图 15 - 6 所示，评分逐年递增，2016 年评分为 35.55，比 2008 年评分高 9.52。排名呈现先升后降的趋势，2010 年和

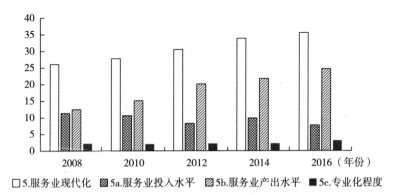

图 15 - 6　2008~2016 年辽宁省服务业现代化及其一级指标的评分变化

2012 年排名最高，均为全国第 12，而 2016 年排名降至第 19。其分设的一级指标中，服务业投入水平评分及排名均呈现下降的趋势，而服务业产出水平评分增加但排名有所下降，专业化程度评分及排名均呈现小幅度的上升趋势。

七、产业可持续发展

在产业可持续发展方面，如图 15 - 7 所示，2012 年评分和排名情况最好，以 57.62 的评分位于全国第 1。2016 年评分降至 23.00，排名降至第 22。在四个一级指标中，治理情况的评分及排名均呈现先升后降的趋势，绿化情况的评分先升后降但排名持续下降，空气质量及水资源情况的评分和排名则呈现波动变化的趋势。

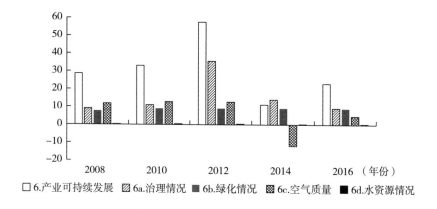

图 15 - 7　2008 ~ 2016 年辽宁省产业可持续发展及其一级指标的评分变化

16 河北省

2008 年		2010 年		2012 年		2014 年		2016 年	
得分	排名	得分	排名	得分	排名	得分	排名	得分	排名
25.76	10	30.11	10	35.58	12	35.33	17	47.25	16

一、综合分析

河北省现代产业体系评分逐年递增但排名有所下降。2016 年评分为 47.25，比 2008 年评分高出 21.49，2008 年排名为第 10，而 2016 年排名降至第 16。在六个维度中，如表 16 - 1 和图 16 - 1 所示，发展环境、农业现代化及服务业现代化评分呈现逐年递增的趋势，但排名有所下降；支撑体系及工业现代化的评分和排名均有所上升；产业可持续发展的评分和排名均呈现下降的趋势。

表 16－1　河北省现代产业体系各维度得分及排名

名称	2008 年		2010 年		2012 年		2014 年		2016 年	
	得分	排名	得分	排名	得分	排名	得分	排名	得分	排名
1. 发展环境	24.55	12	14.20	19	16.29	20	18.78	24	46.16	19
1a. 营商化及市场化	21.44	12	11.76	19	14.06	22	16.26	26	44.30	18
1b. 开放化	3.11	14	2.44	16	2.23	20	2.52	21	1.85	19
2. 支撑体系	20.43	16	31.38	12	38.16	14	44.97	13	56.13	14
2a. 人才储备	10.67	13	11.14	13	11.80	14	12.00	11	12.76	11
2b. 资本存量	5.61	12	14.56	9	18.81	9	24.01	9	30.64	9
2c. 科技创新	4.14	18	5.67	18	7.55	18	8.96	17	12.74	17
3. 农业现代化	38.05	9	49.48	9	61.75	10	72.67	10	73.39	10
3a. 农业投入水平	16.93	4	18.48	4	20.68	5	24.27	4	21.89	7
3b. 农业产出水平	21.12	12	31.01	11	41.07	12	48.40	12	51.49	17
4. 工业现代化	27.69	23	32.51	24	38.27	24	44.37	22	47.93	20
4a. 工业投入水平	6.19	24	11.16	24	18.69	17	23.09	17	25.88	17
4b. 工业产出水平	11.41	17	12.71	23	13.58	26	13.54	23	13.45	21
4c. 污染治理水平	10.10	19	8.64	23	6.00	30	7.73	28	8.60	21
5. 服务业现代化	19.45	25	19.95	28	19.86	29	19.49	30	28.80	28
5a. 服务业投入水平	12.67	6	12.80	7	10.67	8	8.39	15	10.10	16
5b. 服务业产出水平	5.85	29	6.07	29	8.04	31	9.89	30	17.17	28
5c. 专业化程度	0.94	30	1.07	29	1.15	28	1.21	30	1.53	30
6. 产业可持续发展	23.61	18	36.69	11	42.74	10	1.08	30	17.77	28
6a. 治理情况	11.27	4	19.63	4	25.19	4	23.43	6	20.44	9
6b. 绿化情况	4.43	20	5.96	20	6.04	20	6.23	20	6.30	20
6c. 空气质量	7.89	21	11.09	15	11.48	20	-28.58	31	-9.00	29
6d. 水资源情况	24.55	27	0.01	27	0.03	24	0.00	29	0.02	26

发展环境 2008 年评分为 24.55，排名第 12；2016 年评分为 46.16，排名第 19，下降 7 个名次。

支撑体系 2008 年评分为 20.43，排名第 16；2016 年评分为 56.13，排名第 14，上升 2 个名次。

农业现代化 2008 年评分为 38.05，排名第 9；2016 年评分为 73.39，排名第 10，名次有所下降。

工业现代化 2008 年评分为 27.69，排名第 23；2016 年评分为 47.93，排名第 20，上升 3 个名次。

服务业现代化 2008 年评分为 19.45，排名第 25；2016 年评分为 28.80，排名第 28，下降 3 个名次。

产业可持续发展 2008 年评分为 23.61，排名第 18；2016 年评分为 17.77，排名第 28，名次有所下降。

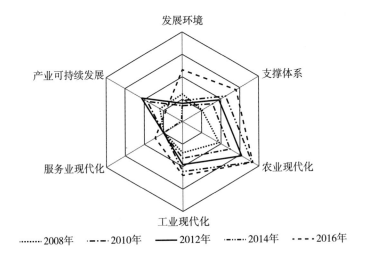

图 16-1　2008~2016 年河北省现代产业体系各维度评分情况

二、发展环境

在发展环境方面，如图 16-2 所示，河北省 2008 年评分为 24.55，排名第 12；2016 年评分为 46.16，排名第 19。在五个评价年度内，2014 年的排名最低，为第24。下设的一级指标中，营商化及市场化评分提升最大，2008年评分为21.44，而2016年评分为44.30，排名则呈现下降趋势，由第12降至第18；开放化评分有所下降，2008年评分为3.11，2016年评分为1.85，排名也由第14降为第19。

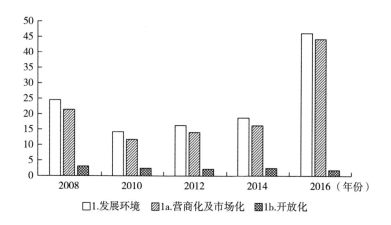

图16-2　2008～2016年河北省发展环境及其分项指标的评分变化

三、支撑体系

在支撑体系方面，如图16-3所示，评分逐年增长且排名波动。2008年评分为20.43，排名第16；2016年评分为56.13，排名第14。在其分设的一级指标中，资本存量的评分和排名均有较大的提升，2008年评分为5.61，排名第12，2016年评分为30.64，排名第9；人才储备2016年评分为12.76，比2008年高出2.09，排名由2008年的第13变为2016年的第

11；科技创新的评分也有较大增长，2008 年评分为 4.14，2016 年评分为 12.74。

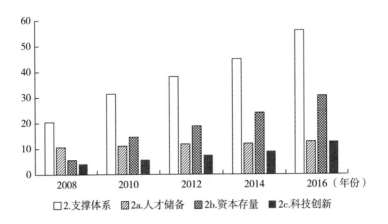

图 16 - 3　2008～2016 年河北省支撑体系及其分项指标的评分变化

四、农业现代化

在农业现代化方面，如图 16 - 4 所示，评分整体有较大提升。2008 年评分为 38.05，2016 年评分为 73.39。排名变化趋势不明显，前两个评价年度排名第 9，后三个评价年度排名第 10。其中，农业投入水平和农业产出水平均呈现评分增长但排名有所下降的趋势；农业投入水平 2008 年评分为 16.93，排名第 4，2016 年评分为 21.89，排名第 7；农业产出水平 2008 年评分为 21.12，排名第 12，2016 年评分为 51.49，排名第 17。

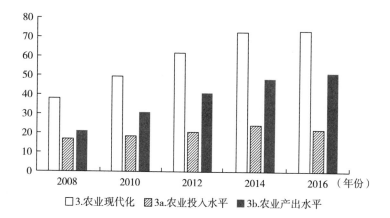

图 16 - 4　2008～2016 年河北省农业现代化及其分项指标的评分变化

五、工业现代化

在工业现代化方面，如图 16 - 5 所示，评分由 27.69 提高到 47.93，排名也由 2008 年的第 23 变为 2016 年的第 20。在下设的三个一级指标中，

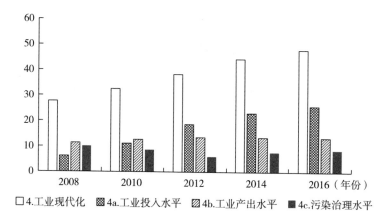

图 16 - 5　2008～2016 年河北省工业现代化及其一级指标的评分变化

只有工业投入水平的排名呈现上升的趋势，2008 年工业投入水平排名第24，2016 年排名第17，其余两个一级指标排名均有不同程度的下降。在评分方面，只有污染治理水平的评分呈现下降趋势，2008 年评分为 10.10，而 2016 年评分为 8.60，另外两个一级指标评分有所上升。

六、服务业现代化

在服务业现代化方面，如图 16 - 6 所示，前四个评价年度河北省评分浮动较小，到 2016 年提升较大，评分增至 28.80，但排名最好的年度是2008 年，为全国第 25。下设的一级指标中，只有服务业投入水平评分有所下降，服务业产出水平和专业化程度的评分呈现上升趋势。

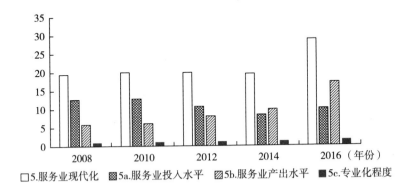

图 16 - 6　2008~2016 年河北省服务业现代化及其一级指标的评分变化

七、产业可持续发展

在产业可持续发展方面，如图 16 - 7 所示，评分和排名均呈现出明显的下降趋势，2008 年评分为 23.61，排名第 18；2016 年评分为 17.77，排名第 28。在产业可持续发展下设的四个一级指标中，绿化情况和治理情况的评分有所上升，而空气质量以及水资源情况的评分有不同程度的下降。空气质量的评分由 7.89 降至 - 9；水资源情况的评分由 24.55 降至 0.02。

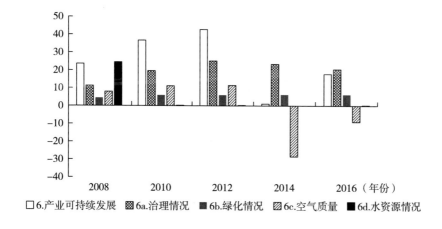

图 16 - 7 2008 ~ 2016 年河北省产业可持续发展及其一级指标的评分变化

17 江西省

2008 年		2010 年		2012 年		2014 年		2016 年	
得分	排名	得分	排名	得分	排名	得分	排名	得分	排名
21.90	19	25.95	16	31.32	20	33.37	20	46.72	17

一、综合分析

　　2016 年江西省现代产业体系评分为46.72，比2008 年评分高出24.82。在五个评价年度内，江西省现代产业体系处于中等水平。在六个维度中，如表17-1和图17-1所示，产业可持续发展情况最好，评分呈增长趋势，排名从全国第8上升至全国第5；发展环境、工业现代化和服务业现代化的评分和名次均有所上升；支撑体系和农业现代化的评分也呈现上升趋势，但排名变动不明显。

表 17 − 1　江西省现代产业体系各维度得分及排名

名称	2008 年		2010 年		2012 年		2014 年		2016 年	
	得分	排名	得分	排名	得分	排名	得分	排名	得分	排名
1. 发展环境	19.63	20	18.22	14	17.49	19	23.23	21	52.02	14
1a. 营商化及市场化	16.49	19	14.56	15	13.32	24	18.81	21	48.51	13
1b. 开放化	3.14	13	3.66	12	4.17	14	4.42	12	3.51	12
2. 支撑体系	15.01	18	19.90	20	24.29	20	28.66	19	37.88	18
2a. 人才储备	7.87	17	8.23	17	8.87	17	8.49	17	8.69	17
2b. 资本存量	3.47	19	7.55	19	10.40	19	13.33	19	17.45	18
2c. 科技创新	3.68	20	4.12	20	5.03	19	6.84	19	11.75	18
3. 农业现代化	26.79	14	33.95	15	49.05	14	50.87	17	65.41	15
3a. 农业投入水平	9.05	11	11.81	11	15.98	9	8.74	22	12.46	18
3b. 农业产出水平	17.74	15	22.14	16	33.07	15	42.14	17	52.95	14
4. 工业现代化	20.35	28	26.39	30	35.08	27	39.70	26	40.33	26
4a. 工业投入水平	6.12	25	8.62	27	14.27	25	17.42	25	20.98	25
4b. 工业产出水平	8.02	26	10.58	30	12.59	25	13.53	24	13.34	23
4c. 污染治理水平	6.21	29	7.19	29	8.22	25	8.75	26	6.01	29
5. 服务业现代化	20.04	24	21.85	25	22.15	27	24.94	26	34.91	20
5a. 服务业投入水平	9.23	16	9.75	15	7.39	21	5.77	27	7.36	27
5b. 服务业产出水平	9.63	24	10.89	26	13.29	25	17.43	22	25.42	18
5c. 专业化程度	1.18	28	1.22	28	1.47	27	1.74	27	2.13	22
6. 产业可持续发展	33.41	8	41.97	4	47.83	6	36.22	5	44.45	5
6a. 治理情况	2.43	28	9.15	14	17.63	10	12.56	18	16.73	14
6b. 绿化情况	14.89	2	16.48	2	16.39	2	16.39	1	16.38	2
6c. 空气质量	15.52	8	15.39	8	12.91	15	6.62	6	10.43	10
6d. 水资源情况	0.56	7	0.95	5	0.90	3	0.66	6	0.90	5

发展环境 2008 年评分为 19.63，排名第 20；2016 年评分为 52.02，排名第 14，上升 6 个名次。

支撑体系 2008 年评分为 15.01，排名第 18；2016 年评分为 37.88，排名第 18，名次未发生改变。

农业现代化 2008 年评分为 26.79，排名第 14；2016 年评分为 65.41，

排名第15，名次有所下降。

工业现代化2008年评分为20.35，排名第28；2016年评分为40.33，排名第26，提升2个名次。

服务业现代化2008年评分为20.04，排名第24；2016年评分为34.91，排名第20，上升了4个名次。

产业可持续发展2008年评分为33.41，排名第8；2016年评分为44.45，排名第5，上升3个名次。

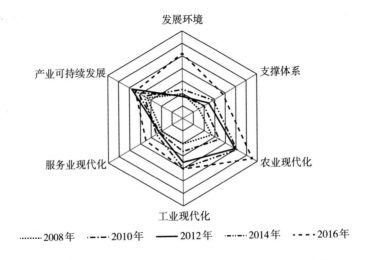

········2008年 ─·─·2010年 ──2012年 ──·─2014年 ─ ─ ─2016年

图17-1 2008~2016年江西省现代产业体系各维度评分情况

二、发展环境

在发展环境方面，如图17-2所示，江西省2008年评分为19.63，排名第20；2016年评分为52.02，排名上升了6个位次。其中，营商化及市场化评分由 2008 年的 16.49 增至 2016 年的 48.51，增长趋势明显，排名也有所上升；开放化 2008 年评分为 3.14，2016 年评分为 3.51，排名上升了 1 个位次。

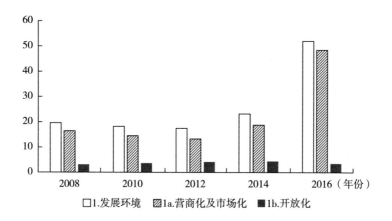

图 17 - 2　2008～2016 年江西省发展环境及其分项指标的评分变化

三、支撑体系

在支撑体系方面，如图 17 - 3 所示，江西省 2008 年评分为 15.01，随后评分呈现逐年递增的趋势。2016 年评分提升至 37.88，但是排名仍稳定在第 18。在支撑体系包含的细分指标中，人才储备的排名一直处于全国第 17 的位置，但是评分总体呈上升趋势；资本存量和科技创新的评分也在逐年递增，但是排名位次变动较小。

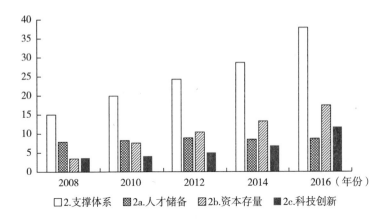

图 17 - 3　2008～2016 年江西省支撑体系及其分项指标的评分变化

四、农业现代化

在农业现代化方面，如图 17 - 4 所示，江西省 2008 年评分为 26.79，排名为第 14；2016 年评分增至 65.41，但排名有所下降，位于全国第 15。

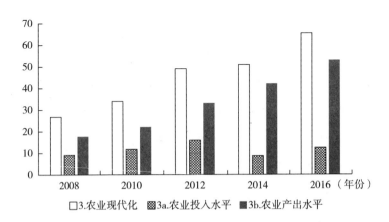

图 17 - 4　2008～2016 年江西省农业现代化及其分项指标的评分变化

其中,江西省的农业投入水平和农业产出水平的评分呈明显的上升趋势,但是农业投入水平的排名下降了 7 个位次,农业产出水平的排名上升了 1个位次。

五、工业现代化

在工业现代化方面,如图 17 - 5 所示,江西省的评分由 2008 年的20.35 稳步上升,2016 年的评分达到 40.33,在排名上也提升了 2 个位次。在分设的一级指标中,工业投入水平和污染治理水平的排名变动不明显,但是江西省的工业产出水平的排名上升了 3 个位次;在评分上,工业投入水平、工业产出水平及污染治理水平大体上呈波动增长趋势。

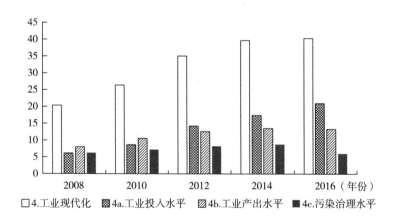

图 17 - 5　2008 ~ 2016 年江西省工业现代化及其一级指标的评分变化

六、服务业现代化

在服务业现代化方面，如图 17 - 6 所示，江西省 2008 年服务业现代化评分为 20.04，2016 年评分为 34.91，排名上升了 4 个位次。江西省服务业现代化分设的三个指标中，服务业投入水平在评分和排名上有明显的波动下降趋势；服务业产出水平和专业化程度在评分和排名上具有明显的上升趋势，排名也都提升了 6 个位次。

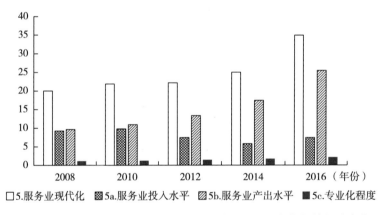

□5.服务业现代化 ▨5a.服务业投入水平 ▨5b.服务业产出水平 ■5c.专业化程度

图 17 - 6 2008～2016 年江西省服务业现代化及其一级指标的评分变化

七、产业可持续发展

在产业可持续发展方面，如图 17 - 7 所示，江西省 2008 年评分为

33.41，排名第8；2016年评分为44.45，排名第5。其中，在2010年的排名情况最好，为全国第4。在产业可持续发展下设的四个一级指标中，治理情况的评分提升幅度最大，由2.43上升至16.73，排名也上升了14位；绿化情况和水资源情况的评分及排名均呈波动增长的趋势；空气质量的评分和排名呈波动下降的趋势。

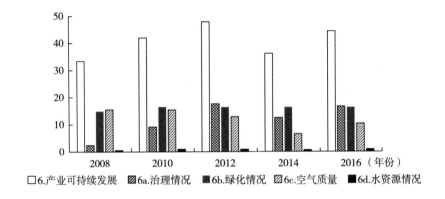

图17-7　2008～2016年江西省产业可持续发展及其一级指标的评分变化

18 河南省

2008 年		2010 年		2012 年		2014 年		2016 年	
得分	排名	得分	排名	得分	排名	得分	排名	得分	排名
24.97	13	29.88	12	34.46	16	35.87	16	46.20	18

一、综合分析

2016 年河南省现代产业体系评分为 46.20，比 2008 年评分高出 21.23。在五个评价年度内，河南省现代产业体系保持在全国中下游的行列。在六个维度中，如表 18 - 1 和图 18 - 1 所示，河南省的整体发展都呈现出波动下降的趋势，服务业现代化和产业可持续发展的排名下降了 11 个位次；其中产业可持续发展的评分从 23.40 下降到了 14.17；支撑体系和工业现代化的评分和排名有所上升；发展环境和农业现代化的评分有所上升，但是排名都有小幅度下降。

表 18 - 1 河南省现代产业体系各维度得分及排名

名称	2008 年		2010 年		2012 年		2014 年		2016 年	
	得分	排名	得分	排名	得分	排名	得分	排名	得分	排名
1. 发展环境	21.45	18	20.73	12	22.43	17	27.03	16	45.96	20
1a. 营商化及市场化	20.66	13	20.25	10	20.53	14	24.89	13	43.88	20
1b. 开放化	0.79	30	0.48	28	1.90	22	2.14	22	2.08	16
2. 支撑体系	21.71	14	32.62	11	41.73	11	47.78	10	60.25	10
2a. 人才储备	10.03	14	11.13	14	12.57	12	11.24	13	12.05	12
2b. 资本存量	5.75	11	12.92	11	17.39	11	22.90	10	30.12	10
2c. 科技创新	5.94	13	8.56	14	11.77	13	13.64	12	18.08	13
3. 农业现代化	29.56	13	39.92	11	50.12	13	59.92	13	64.65	17
3a. 农业投入水平	11.46	8	12.79	9	15.00	10	16.30	9	16.63	11
3b. 农业产出水平	18.09	14	27.13	14	35.13	15	43.62	16	48.01	19
4. 工业现代化	33.48	19	38.23	20	42.10	20	46.97	20	49.55	18
4a. 工业投入水平	9.00	18	12.38	21	16.59	20	21.64	21	25.22	19
4b. 工业产出水平	12.88	14	14.01	17	14.01	23	13.13	25	12.65	24
4c. 污染治理水平	11.60	13	11.84	13	11.51	13	12.20	12	11.69	12
5. 服务业现代化	23.04	16	24.80	20	22.52	26	23.07	28	29.60	27
5a. 服务业投入水平	14.32	4	13.51	5	10.04	12	5.22	29	7.32	28
5b. 服务业产出水平	8.19	27	10.42	27	11.39	26	16.15	26	20.40	25
5c. 专业化程度	0.53	31	0.87	30	1.08	29	1.69	28	1.87	26
6. 产业可持续发展	23.40	19	24.21	25	28.13	24	-0.11	31	14.17	30
6a. 治理情况	5.84	13	6.88	20	10.74	16	14.99	13	18.16	11
6b. 绿化情况	5.38	17	6.36	19	6.41	19	6.66	19	6.87	19
6c. 空气质量	12.13	14	10.89	16	10.96	22	-21.79	29	-10.89	31
6d. 水资源情况	0.05	24	0.08	23	0.03	27	0.03	25	0.04	25

发展环境 2008 年评分为 21.45，排名第 18；2016 年评分为 45.96，排名第 20，下降了 2 个名次。

支撑体系 2008 年评分为 21.71，排名第 14；2016 年评分为 60.25，排名第 10，上升了 4 个名次。

农业现代化 2008 年评分为 29.56，排名第 13；2016 年评分为 64.65，

排名第17，名次有所下降。

工业现代化2008年评分为33.48，排名第19；2016年评分为49.55，排名第18，名次有所上升。

服务业现代化2008年评分为23.04，排名第16；2016年评分为29.60，排名第27，下降了11个名次。

产业可持续发展2008年评分为23.40，排名第19；2016年评分为14.17，排名第30，下降了11个名次。

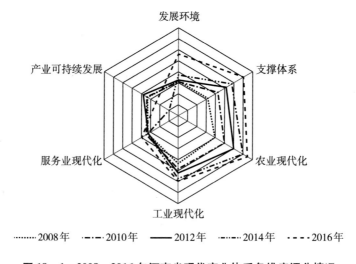

图18-1　2008～2016年河南省现代产业体系各维度评分情况

二、发展环境

在发展环境方面，如图18-2所示，河南省2008年评分为21.45，排名为第18，2016年评分为45.96，排名小幅度下降。其中，营商化及市场化评分由 2008 年的 20.66 增至 2016 年的 43.88，增长趋势明显，但是排名下降了 7 个位次；开放化呈现出明显的上升趋势，2016 年评分为 2.08，比 2008 年评分高了 1.29，排名也上升了 14 个位次。

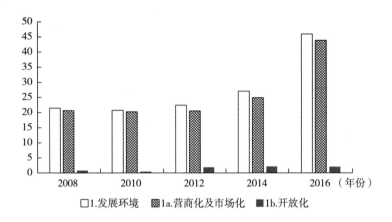

图 18－2 2008～2016 年河南省发展环境及其分项指标的评分变化

三、支撑体系

在支撑体系方面，如图 18－3 所示，河南省 2008 年评分为 21.71，随后评分呈现逐年递增的趋势；2016 年评分提升至 60.25，排名也从第 14 上升到了第 10。在支撑体系包含的细分指标中，人才储备和资本存量的评分呈逐渐上升的趋势，排名均有所提升；科技创新的评分呈上升趋势，但排名趋于稳定。

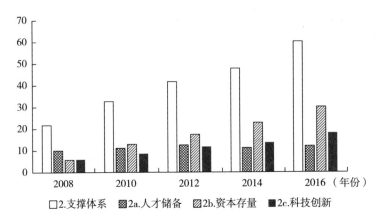

图 18 - 3　2008～2016 年河南省支撑体系及其分项指标的评分变化

四、农业现代化

　　在农业现代化方面，如图 18 - 4 所示，河南省 2008 年评分为 29.56，排名为第 13；2016 年评分增至 64.65，但排名有所下降。其中，农业投入水平和农业产出水平评分都呈上升趋势，但是在排名上两者均有所下降。

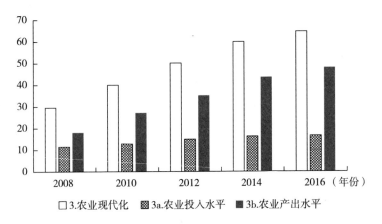

图 18 - 4　2008～2016 年河南省农业现代化及其分项指标的评分变化

五、工业现代化

在工业现代化方面，如图 18 - 5 所示，河南省的评分由 2008 年的
33.48 稳步上升，2016 年达到 49.55，在排名上也提升了 1 个位次。在分
设的一级指标中，工业投入水平和工业产出水平的排名均有所下降，其中
工业产出水平的评分呈波动的下降趋势，排名下降了 10 个位次；污染治理
水平的评分和排名则呈小幅度的波动。

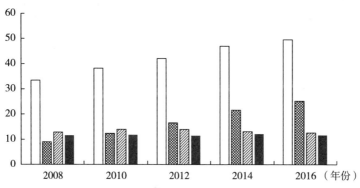

图 18 - 5   2008～2016 年河南省工业现代化及其一级指标的评分变化

六、服务业现代化

在服务业现代化方面，如图 18 - 6 所示，河南省 2008 年服务业现代化

评分为 23.04；2016 年评分为 29.60，排名下降了 11 个位次。服务业现代化分设的三个指标中，服务业投入水平的评分和排名均呈明显的下降趋势，排名从全国第 4 下降到了第 28；服务业产出水平和专业化程度在评分和排名上均有不同程度的提升。

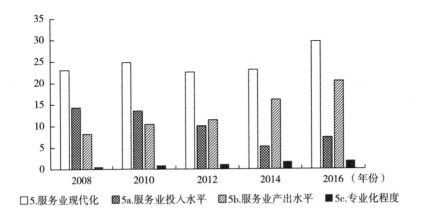

图 18 - 6　2008~2016 年河南省服务业现代化及其一级指标的评分变化

七、产业可持续发展

在产业可持续发展方面，如图 18 - 7 所示，河南省 2008 年评分为 23.40，排名第 19；2016 年评分为 14.17，排名第 30，在评分和排名上都呈显著的下降趋势。在产业可持续发展下设的四个一级指标中，治理情况表现最好，在评分和排名上都有小幅度的提升；绿化情况的评分呈上升趋势，但是排名下降了 2 个位次；水资源情况的排名也下降了 1 个位次；空气质量表现最差，评分连续两年为负值，排名也从第 14 下降至第 31。

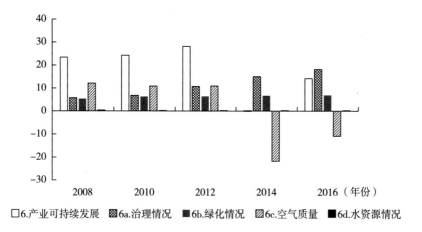

□6.产业可持续发展　▨6a.治理情况　■6b.绿化情况　▨6c.空气质量　■6d.水资源情况

图 18 - 7　2008 ~ 2016 年河南省产业可持续发展及其一级指标的评分变化

19　海南省

2008 年		2010 年		2012 年		2014 年		2016 年	
得分	排名	得分	排名	得分	排名	得分	排名	得分	排名
25.38	12	25.72	17	31.88	19	34.16	18	44.39	19

一、综合分析

2016 年海南省现代产业体系评分为 44.39，比 2008 年评分高出 19.01。在五个评价年度内，海南省现代产业体系位于全国中下游行列。在六个维度中，如表 19 – 1 和图 19 – 1 所示，只有农业现代化的评分和排名呈明显的上升趋势；发展环境、工业现代化和产业可持续发展的排名下降幅度较大，在评分上也未呈现明显上升趋势；支撑体系和服务业现代化的排名没有发生改变，但是评分呈上升趋势。

表 19 - 1 海南省现代产业体系各维度得分及排名

名称	2008 年		2010 年		2012 年		2014 年		2016 年	
	得分	排名	得分	排名	得分	排名	得分	排名	得分	排名
1. 发展环境	31.64	10	15.44	16	24.00	14	27.19	15	45.39	21
1a. 营商化及市场化	10.16	26	7.52	25	16.04	18	20.12	20	37.62	23
1b. 开放化	21.48	5	7.91	8	7.95	8	7.07	9	7.77	8
2. 支撑体系	5.48	28	4.10	28	4.87	28	5.26	29	8.85	28
2a. 人才储备	1.08	28	1.11	28	1.16	28	0.88	29	1.17	29
2b. 资本存量	4.14	16	2.33	28	2.57	28	3.05	28	6.12	27
2c. 科技创新	0.26	30	0.66	30	1.14	30	1.33	29	1.56	29
3. 农业现代化	34.62	10	46.17	10	65.42	9	81.12	8	102.06	6
3a. 农业投入水平	4.50	22	6.25	19	8.64	16	9.72	17	13.89	15
3b. 农业产出水平	30.11	7	39.92	7	56.79	7	71.41	6	88.17	5
4. 工业现代化	29.61	21	33.80	23	33.99	29	32.96	30	36.98	29
4a. 工业投入水平	5.57	28	7.11	29	8.47	30	10.84	29	14.83	30
4b. 工业产出水平	9.98	21	13.98	18	14.55	19	12.11	28	11.99	25
4c. 污染治理水平	14.05	5	12.72	11	10.97	16	10.01	20	10.15	15
5. 服务业现代化	16.42	29	21.91	24	25.08	22	23.79	27	28.28	29
5a. 服务业投入水平	5.31	28	6.43	27	6.75	26	7.56	20	8.96	21
5b. 服务业产出水平	8.27	26	11.75	23	14.34	22	12.43	28	15.83	29
5c. 专业化程度	2.84	13	3.72	11	4.00	9	3.81	9	3.50	11
6. 产业可持续发展	40.79	3	42.97	3	42.01	11	31.76	9	35.45	13
6a. 治理情况	1.43	30	2.23	28	3.68	29	1.56	31	2.16	30
6b. 绿化情况	18.94	1	20.40	1	18.26	1	13.50	6	13.38	6
6c. 空气质量	19.50	1	19.30	1	19.30	1	15.91	2	18.91	1
6d. 水资源情况	0.91	4	1.03	3	0.76	5	0.79	3	1.00	4

发展环境 2008 年评分为 31.64，排名第 10；2016 年评分为 45.39，排名第 21，下降了 11 个名次。

支撑体系 2008 年评分为 5.48，排名第 28；2016 年评分为 8.85，排名第 28，名次未发生改变。

农业现代化 2008 年评分为 34.62，排名第 10；2016 年评分为 102.06，排名第 6，上升了 4 个名次。

工业现代化 2008 年评分为 29.61，排名第 21；2016 年评分为 36.98，排名第 29，下降了 8 个名次。

服务业现代化 2008 年评分为 16.42，排名第 29；2016 年评分为 28.28，排名第 29，名次未发生改变。

产业可持续发展 2008 年评分为 40.79，排名第 3；2016 年评分为 35.45，排名第 13，下降了 10 个名次。

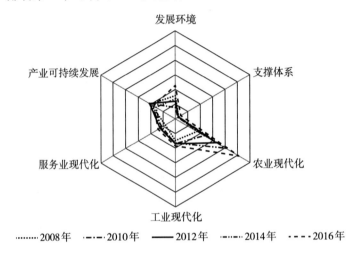

········2008 年 ·—·—2010 年 ——2012 年 ·—·—2014 年 ·-·-2016 年

图 19 -1 2008～2016 年海南省现代产业体系各维度评分情况

二、发展环境

在发展环境方面，如图 19 - 2 所示，海南省 2008 年评分为 31.64，排名第 10；2016 年的评分为 45.39，排名下降了 11 个位次。其中，营商化及市场化评分由 2008 年的 10.16 增至 2016 年的 37.62，增长趋势明显，排名也上升了 3 个位次；开放化的排名均位于全国前 10 位。

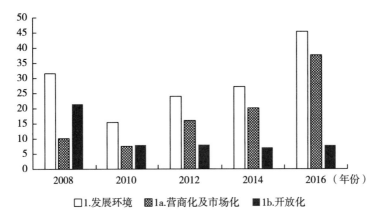

□1.发展环境　☒1a.营商化及市场化　■1b.开放化

图 19 - 2　2008 ~ 2016 年海南省发展环境及其分项指标的评分变化

三、支撑体系

在支撑体系方面，如图 19 - 3 所示，海南省 2008 年评分为 5.48，随后

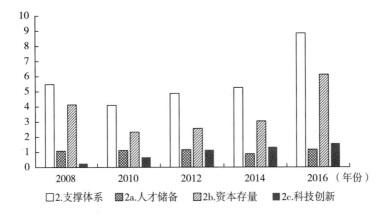

□2.支撑体系　☒2a.人才储备　▨2b.资本存量　■2c.科技创新

图 19 - 3　2008 ~ 2016 年海南省支撑体系及其分项指标的评分变化

评分呈波动递增的趋势；2016 年评分提升至 8.85，排名未发生改变。在支撑体系包含的细分指标中，人才储备和科技创新的排名相对靠后，2016 年均位于全国第 29；资本存量的排名也出现了大幅度的下降，但是在评分上呈波动增长趋势。

四、农业现代化

在农业现代化方面，如图 19 - 4 所示，海南省 2008 年评分为 34.62，排名为第 10；2016 年评分增至 102.06，排名提升了 4 个位次。其中，农业投入水平和农业产出水平的评分都呈上升趋势，在排名上也均有明显提升；农业产出水平的排名位于全国前列。

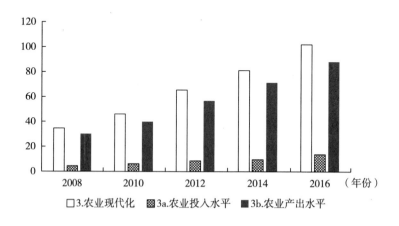

图 19 - 4　2008～2016 年海南省农业现代化及其分项指标的评分变化

五、工业现代化

在工业现代化方面，如图 19-5 所示，海南省的评分由 2008 年的 29.61 开始呈波动上升趋势，2016 年达到 36.98，但是在排名上降低了 8 个位次。在分设的一级指标中，工业投入水平的评分有明显的上升趋势，但是排名下降了 2 个位次；工业产出水平的评分也具有波动上升趋势，但是排名降低了 4 个位次；污染治理水平的评分呈波动下降趋势，排名下降了 10 个位次。

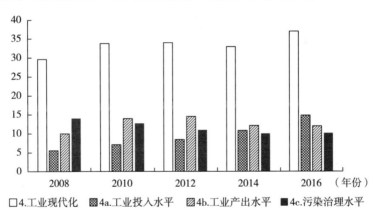

图 19-5　2008~2016 年海南省工业现代化及其一级指标的评分变化

六、服务业现代化

在服务业现代化方面，如图 19-6 所示，海南省 2008 年服务业现代化评分为 16.42, 2016 年评分为 28.28, 排名未发生改变。服务业现代化分设的三个指标中, 服务业投入水平和专业化程度的排名都有所提升。其中, 专业化程度的评分呈波动上升趋势; 服务业产出水平的评分也呈波动上升趋势, 但是排名下降了 3 个位次。

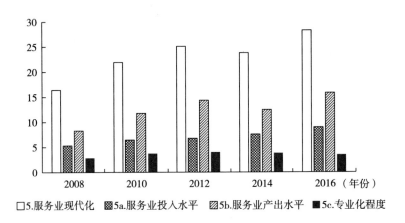

图 19－6　2008～2016 年海南省服务业现代化及其一级指标的评分变化

七、产业可持续发展

在产业可持续发展方面, 如图 19－7 所示, 海南省 2008 年评分为 40.79, 排名第 3; 2016 年评分为 35.45, 排名第 13, 排名下降了 10 个位次。在产业可持续发展下设的四个一级指标中, 治理情况相对较差, 排名位于全国末位; 绿化情况、空气质量和水资源情况的排名均位于全国前十，其中绿化情况和空气质量连续三年位居全国首位。

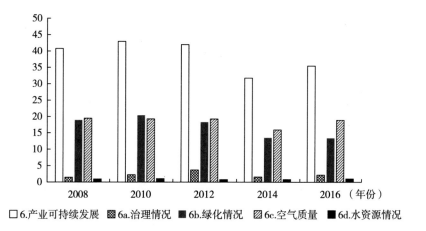

图 19 - 7　2008 ~ 2016 年海南省产业可持续发展及其一级指标的评分变化

20 广西壮族自治区

2008 年		2010 年		2012 年		2014 年		2016 年	
得分	排名	得分	排名	得分	排名	得分	排名	得分	排名
21.19	20	22.60	23	29.55	23	33.33	21	44.12	20

一、综合分析

2016 年广西壮族自治区现代产业体系评分为 44.12，比 2008 年评分高出 22.93。在五个评价年度内，广西壮族自治区现代产业体系位于全国中下游行列。在六个维度中，如表 20-1 和图 20-1 所示，发展环境、支撑体系、农业现代化和工业现代化的评分和排名均呈逐渐上升趋势，其中发展环境的排名上升幅度最大；服务业现代化和产业可持续发展的评分呈波动上升趋势，其中服务业现代化的排名下降了 2 个位次，产业可持续发展的名次未发生改变。

表 20 - 1　广西壮族自治区现代产业体系各维度得分及排名

名称	2008 年		2010 年		2012 年		2014 年		2016 年	
	得分	排名	得分	排名	得分	排名	得分	排名	得分	排名
1. 发展环境	22.26	17	10.77	24	24.85	12	30.61	10	54.32	11
1a. 营商化及市场化	19.57	16	8.35	23	22.01	12	27.18	8	51.06	11
1b. 开放化	2.70	16	2.42	17	2.84	18	3.43	16	3.26	13
2. 支撑体系	12.64	22	17.24	22	20.62	21	23.62	22	28.19	21
2a. 人才储备	6.70	21	6.92	21	7.20	23	6.90	19	7.51	20
2b. 资本存量	3.38	20	6.90	21	9.11	20	11.51	20	14.35	20
2c. 科技创新	2.55	23	3.42	23	4.31	22	5.21	22	6.32	21
3. 农业现代化	18.91	21	24.54	19	36.85	22	47.80	21	59.25	19
3a. 农业投入水平	4.55	20	5.80	20	7.89	21	9.43	18	11.50	20
3b. 农业产出水平	14.36	20	18.73	20	28.96	23	38.37	23	47.75	20
4. 工业现代化	24.09	26	32.01	25	38.63	23	40.69	25	46.31	22
4a. 工业投入水平	5.67	27	9.15	26	13.40	26	14.86	27	17.23	28
4b. 工业产出水平	8.04	25	12.30	24	14.89	18	15.90	14	19.10	12
4c. 污染治理水平	10.38	18	10.56	16	10.34	17	9.92	21	9.98	16
5. 服务业现代化	21.70	21	22.39	23	22.60	25	27.22	22	33.18	23
5a. 服务业投入水平	8.34	21	9.09	18	9.95	13	9.46	12	11.05	11
5b. 服务业产出水平	10.99	19	11.09	25	10.68	27	15.59	27	20.25	26
5c. 专业化程度	2.37	21	2.21	18	1.97	22	2.17	22	1.88	25
6. 产业可持续发展	33.57	7	40.34	7	41.93	12	31.79	8	41.01	7
6a. 治理情况	5.73	14	9.57	13	10.59	18	10.88	20	10.89	16
6b. 绿化情况	10.00	8	13.63	6	13.69	6	13.87	5	14.22	5
6c. 空气质量	16.96	5	16.43	6	16.83	6	6.26	7	15.07	5
6d. 水资源情况	0.88	5	0.71	8	0.83	4	0.77	4	0.84	7

发展环境 2008 年评分为 22.26，排名第 17；2016 年评分为 54.32，排名第 11，名次上升了 6 位。

支撑体系 2008 年评分为 12.64，排名第 22；2016 年评分为 28.19，排名第 21，名次上升了 1 位。

农业现代化 2008 年评分为 18.91，排名第 21；2016 年评分为 59.25，

排名第19，名次上升了2位。

工业现代化2008年评分为24.09，排名第26；2016年评分为46.31，排名第22，名次上升了4位。

服务业现代化2008年评分为21.70，排名第21；2016年评分为33.18，排名第23，名次下降了2位。

产业可持续发展2008年评分为33.57，排名第7；2016年评分为41.01，排名第7，名次未发生改变。

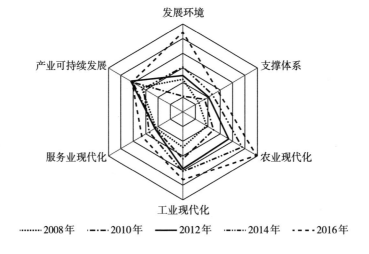

图20-1　2008~2016年广西壮族自治区现代产业体系各维度评分情况

二、发展环境

在发展环境方面，如图20-2所示，广西壮族自治区2008年评分为22.26，排名为第17；2016年评分为54.32，排名提升了6个位次。其中，营商化及市场化评分由2008年的19.57增至2016年的51.06，增长趋势明显，排名也提升了5个位次；开放化评分呈波动上升趋势，排名提升了3个位次。

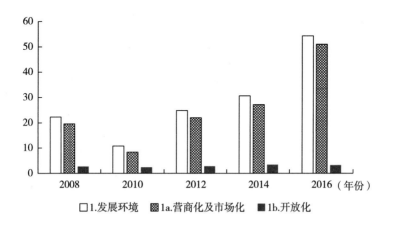

图20−2　2008～2016年广西壮族自治区发展环境及其分项指标的评分变化

三、支撑体系

在支撑体系方面，如图20−3所示，广西壮族自治区2008年评分为12.64，随后评分呈现逐年递增的趋势；2016年评分提升至28.19，排名也提升了1个位次。在支撑体系包含的细分指标中，人才储备和科技创新在评分上呈波动上升趋势，在排名上也有所提高；资本存量评分的上升趋势明显，但是排名未发生变化。

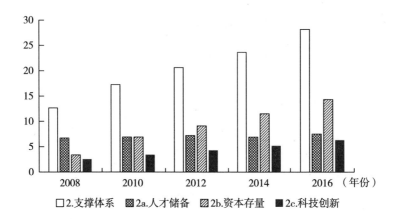

图20－3　2008～2016年广西壮族自治区支撑体系及其分项指标的评分变化

四、农业现代化

在农业现代化方面，如图20－4所示，广西壮族自治区2008年评分为18.91，排名为第21；2016年评分增至59.25，排名提升了2个位次。其

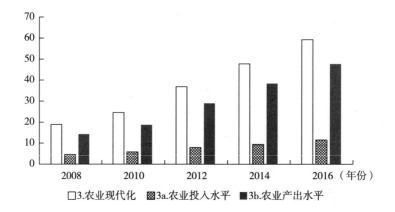

图20－4　2008～2016年广西壮族自治区农业现代化及其分项指标的评分变化

中，农业投入水平和农业产出水平评分都呈上升趋势，但是在排名上均未有明显的变化。

五、工业现代化

在工业现代化方面，如图 20 - 5 所示，广西壮族自治区的评分由 2008 年的 24.09 稳步上升，2016 年达到 46.31，在排名上提升了 4 个位次。在分设的一级指标中，工业投入水平的评分具有明显的上升趋势，但是排名下降了 1 个位次；工业产出水平的评分也具有明显的上升趋势，并且排名上升幅度较大，提升了 13 个位次；污染治理水平的评分呈波动下降趋势，但是排名上升了 2 位。

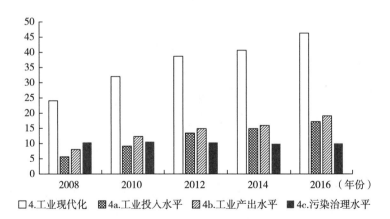

图 20 - 5　2008 ~ 2016 年广西壮族自治区工业现代化及其一级指标的评分变化

六、服务业现代化

在服务业现代化方面，如图 20-6 所示，广西壮族自治区 2008 年服务业现代化评分为 21.70，2016 年评分为 33.18，排名下降了 2 个位次。服务业现代化分设的三个指标中，服务业投入水平在评分和排名上都呈上升趋势，排名提升了 6 个位次；服务业产出水平和专业化程度在排名上都有所下降，服务业产出水平的评分呈波动递增趋势，而专业化程度的评分呈波动下降趋势。

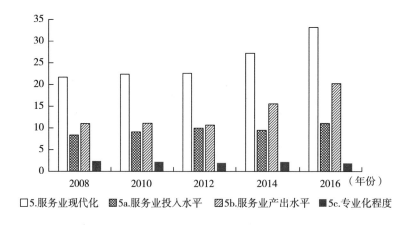

□5.服务业现代化　▨5a.服务业投入水平　◨5b.服务业产出水平　■5c.专业化程度

图 20-6　2008～2016 年广西壮族自治区服务业现代化及其一级指标的评分变化

七、产业可持续发展

在产业可持续发展方面，如图 20－7 所示，广西壮族自治区 2008 年评分为 33.57，排名第 7；2016 年评分为 41.01，排名第 7，在排名上未发生变化。在产业可持续发展下设的四个一级指标中，总体指标的排名都相对靠前，其中治理情况和绿化情况的评分呈上升趋势，空气质量和水资源情况呈波动下降趋势。

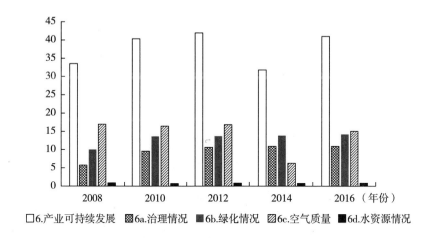

图 20－7　2008～2016 年广西壮族自治区产业可持续发展及其一级指标的评分变化

参考文献

［1］向晓梅．着力构建现代产业体系［J］．港口经济，2008
（9）：42.

［2］刘文勇．现代产业体系的特征考察与构建分析［J］．求是学刊，
2014，41（2）：52－58.

［3］周权雄，罗莉娅．现代产业体系的构建模式、路径与对策［J］．
探求，2013（4）：71－76.

［4］张耀辉．传统产业体系蜕变与现代产业体系形成机制［J］．产经
评论，2010（1）：12－20.

［5］芮明杰．构建现代产业体系的战略思路、目标与路径［J］．中国
工业经济，2018（9）：24－40.

［6］盛朝迅．构建现代产业体系的瓶颈制约与破除策略［J］．改革，
2019（3）：38－49.

［7］陈展图．中国省会城市现代产业体系评价［J］．学术论坛，
2015，38（1）：83－87.

［8］张冀新．城市群现代产业体系的评价体系构建及指数测算［J］.

工业技术经济，2012，31（9）：133 – 138.

［9］Clark C. The Conditions of Economic Progress［M］. London：Macmillan & Co. Ltd. ，1940.

［10］张明哲. 现代产业体系的特征与发展趋势研究［J］. 当代经济管理，2010，32（1）：42 – 46.

［11］贺俊，吕铁. 从产业结构到现代产业体系：继承、批判与拓展［J］. 中国人民大学学报，2015，29（2）：39 – 47.

［12］詹懿. 中国现代产业体系：症结及其治理［J］. 财经问题研究，2012（12）：31 – 36.

［13］龚绍东. 产业体系结构形态的历史演进与现代创新［J］. 产经评论，2010（1）：21 – 28.

［14］陈建军. 关于打造现代产业体系的思考——以杭州为例［J］. 浙江经济，2008（17）：43 – 45.

［15］姚星，倪畅. 构建现代产业发展新体系的战略选择研究［J］. 中州学刊，2015（5）：38 – 41.

［16］张伟. 现代产业体系绿色低碳化的实现途径及影响因素［J］. 科研管理，2016，37（S1）：426 – 432.

［17］周权雄. 现代产业体系构建的背景条件与动力机制［J］. 科技进步与对策，2010，27（2）：49 – 52.

［18］刘钊. 现代产业体系的内涵与特征［J］. 山东社会科学，2011（5）：160 – 162.

［19］赵嘉，唐家龙. 美国产业结构演进与现代产业体系发展及其对中国的启示——基于美国 1947—2009 年经济数据的考察［J］. 科学学与科学技术管理，2012，33（1）：141 – 147.

［20］陈佳贵，黄群慧．工业发展、国情变化与经济现代化战略——中国成为工业大国的国情分析［J］．中国社会科学，2005（4）：4-16.

［21］盛朝迅．构建现代产业体系的思路与方略［J］．宏观经济管理，2019（1）：37-43.

［22］李超，覃成林．要素禀赋、资源环境约束与中国现代产业空间分布［J］．南开经济研究，2011（4）：123-136.

［23］王海兵，杨蕙馨．创新驱动与现代产业发展体系——基于我国省际面板数据的实证分析［J］．经济学（季刊），2016，15（4）：1351-1386.

［24］蒋和平，黄德林．中国农业现代化发展水平的定量综合评价［J］．农业现代化研究，2006（2）：87-91.

［25］陈佳贵，黄群慧．工业现代化的标志、衡量指标及对中国工业的初步评价［J］．中国社会科学，2003（3）：18-28.

［26］邓泽霖，胡树华，张文静．我国现代服务业评价指标体系及实证分析［J］．技术经济，2012，31（10）：60-63.

后　记

　　本书通过对我国部分省份五个年度的现代产业体系发展情况进行深度分析，发现我国现代产业体系建设整体向好且东部地区领跑优势明显，在评价体系的六个维度中农业现代化发展速度较快，但不同地区之间差距过大。各地对于现代产业体系的发展应当强化体系建设的整体性认知，着力打造现代产业体系的协同机制。

　　本书的组织、研究和撰写工作由首都经济贸易大学高精尖产业研究团队完成。团队负责人是范合君教授，成员包括何思锦、赵聪慧、张媛媛等。范合君教授负责本书的整体分析框架及审阅定稿，各篇章的执笔情况是：导论部分执笔人是范合君、何思锦，第1~7章的执笔人是何思锦，第8~14章的执笔人是赵聪慧，第15~20章的执笔人是张媛媛。

　　特别感谢教育部高等学校经济与贸易类专业教学指导委员会副主任委员、中国数量经济学会副会长、北京物资学院党委书记王文举教授，国务院学位办工商管理学科评议组成员、中国企业管理研究会副会长、首都经济贸易大学国际比较管理研究院院长高闯教授，国务院反垄断委员会专家咨询组成员、中国工业经济学会副会长、北京师范大学经济与工商管理学院院长戚聿东教授，他们在百忙之中阅读本书，并为本书撰写了推介。

感谢经济管理出版社杨世伟社长、张永美副总编为本书出版提供的指导和帮助，感谢编辑及校对人员认真细致的编校工作。当然文责自负，不当之处，真诚欢迎广大读者批评指正。